如何100%完成经营目标

HOW TO COMPLETE 100% BUSINESS OBJECTIVES

熊超群 ◎ 著

图书在版编目（CIP）数据

如何100%完成经营目标/熊超群著.—北京：北京大学出版社，2013.9

ISBN 978-7-301-22797-8

Ⅰ.①如… Ⅱ.①熊… Ⅲ.①企业管理 Ⅳ.①F270

中国版本图书馆CIP数据核字（2013）第151959号

书　　　名：如何100%完成经营目标
著作责任者：熊超群　著
责 任 编 辑：樊晓哲　王业云
标 准 书 号：ISBN 978-7-301-22797-8/F·3668
出 版 发 行：北京大学出版社
地　　　址：北京市海淀区成府路205号　100871
网　　　址：http://www.pup.cn　新浪官方微博：@北京大学出版社
电 子 信 箱：rz82632355@163.com
电　　　话：邮购部62752015　发行部62750672　编辑部82632355　出版部62754962
印 刷 者：北京京都六环印刷厂
经 销 者：新华书店
　　　　　787毫米×1092毫米　16开本　17.5印张　242千字
　　　　　2013年9月第1版　2013年9月第1次印刷
定　　　价：68.00元

未经许可，不得以任何方式复制或抄袭本书之部分或全部内容。
版权所有，侵权必究
举报电话：010-62752024　　电子信箱：fd@pup.pku.edu.cn

客户见证

耿三亭
深圳聚和源科技有限公司总经理

我们公司一直在学习和探索各种科学的管理方法，尤其是在绩效管理方面，我们一直在寻找一个比较好的模式。三个阶段的课程对我们来说，整个团队都有收获。以前我们都认为绩效管理就是简单的发奖金与扣工资，学完以后我们才知道，原来绩效管理是一门学问。总之，在熊老师的课堂上，我们对绩效管理和企业管理都有了一个全新的认识！

张利
厦门见福连锁管理有限公司董事长

我们企业发展到第7个年头，目前遇到了一个瓶颈：如何做绩效考核与管理，如何带动整个企业的发展？参加完"绩效100工程"培训，我的困惑全都解开了！我听过很多绩效管理的课程，有的越讲越糊涂，有的学完了不能落地，而熊老师的课程，不管是他讲的原理，还是可操作的工具和方法，我们都可以立即应用在管理实践中。所以，我觉得熊老师这堂课是最实用的，是最物超所值的，是投资回报率最高的！

郭光辉
广州博今生物科技有限公司董事长

跟熊超群老师学习了"绩效100工程"课程后，我们团队对企业经营管理有了"拨开乌云见青天"的感觉。熊老师教给我们的不仅仅是一堂课的知识，更多的是教我们如何将"绩效100工程"运用到企业中，变成企业绩效管理的有效工具。关于如何解决我们企业发展中的问题，我找到了方向！

林兆力
泉州奇诺电子有限公司董事长

企业走到一定阶段都会遇到一个瓶颈，就是很多工作不能量化和考核，而熊老师的方法刚好可以帮助我们解决量化的事情。学习"绩效100工程"的课程后，我受益匪浅：第一，我最大的收获，是重新了解了绩效的内涵。第二，熊老师给到我们一些非常实用的工具，这些工具都可以很好地运用到企业日常的工作中。第三，熊老师是一位非常实战的老师，他教给我们的东西确确实实是最好的、最实用的！

缪存旭
厦门兴海湾建立咨询有限公司董事长

通过"绩效100工程"三个阶段的学习，我们首先认识到，企业的经营目标应该是整体性的，而不单单是经济目标或者财务目标。其次，在我们工作中有很多无法量化考核的事情，在课堂上我们学到一系列实用的工具，帮助我们解决了难题。最后，通过此次学习，我们的团队学会自己制定部门的考核指标，并且能够量化分解，他们有了巨大的成长与进步！我觉得熊超群老师这个课程比一些管理学理论课或者MBA课程更加实用！

唐榕
广元市钏琰生物科技有限公司人事经理

通过"绩效100工程"的课程，我们企业设立了下一年度的目标体系，并从经营目标体系的四个维度进行了说明，非常完整。这对于我们达成下一年度的经营目标起到了桥梁的作用。

王国军
深圳市亿思达科技有限公司总经理

通过熊老师三阶段的课程，我觉得团队最大的一个收获是，改变了我们以往在绩效考核、绩效管理方面的思维模式。我们有了更系统的思维，在此基础上再结合课程中的理论和工具，可以对全公司的绩效系统进行一个全面的梳理。

孙旭东
无锡哥伦布商业经营管理有限公司董事长

我是带公司整个团队来听这个课程的。这次课程给我第一感觉就是，帮助我们企业统一了思想、鼓舞了士气。原来我下达目标的时候，很多人觉得目标太高。但上完这次课以后，我觉得，不用我去讲了，大家都已经都在做了。

于虎
安徽南澳地毯有限公司总经理

熊老师的这个"绩效100工程"课程，给我的感受是：第一，系统。这是一套完整的理论体系，其中既有原理，又有方法和工具，具有很强的逻辑性。第二，实用。它针对企业运营中常见问题，能够马上应用并转化为生产力，最大化地提升企业的赢利能力和管理水平。

杨柳
深圳市柳鑫实业有限公司董事长

不管在课堂上还是私底下，熊老师跟我们表达过他的一个理想，就是用他的理论知识和实践经验帮助本土企业成长。通过三阶段课程的学习和接触，我发现熊老师是真正地身体力行，毫无保留地分享自己的知识与经验。

总序

中国管理培训行业走过了近20年的历程，为本土企业的规范化和持续化发展做出了不可磨灭的贡献！但是，不少培训课程只停留在理念的层面，真正能够落地的还不多。培训已经让企业变成肥硕的青蛙，双目圆睁，胸腹鼓鼓，看样子精气神十足。可是，当目标出现时，这只青蛙却双腿弹跳无力，眼睁睁看着到嘴边的猎物逃走。为什么会出现饱受培训滋养的企业理念在天上飞，行为却在地上爬的局面呢？个中有多种原因，比如说讲师缺乏企业从业经验，不能针对企业问题提出解决方案，大部分企业也不知道究竟什么课程能解决自己什么问题。总之，中国管理培训业最大的问题是不能正视企业问题存在，反而绕过问题提供一些企业所谓的"营养品"，起不了作用，但也吃不死人。

大部分企业从创办到发展不过二三十年的时间，由于先天不足，管理体系的完善和管理者的能力提升均有很大的空间。当下，企业正面临人力资源短缺和行业洗牌的双重挑战，赢利模式和管理模式都面临转型升级。企业之间的竞争从团队与团队的竞争过渡到知识系统与知识系统的竞争。企业经营者的心态正从"分取价值"

的角色转变为"留存价值",即为打造持续竞争力夯实管理的基础,打造生产"人"的管理体系。作为管理咨询和管理培训行业中的一员,近5年来我频频扮演"销售自己"的角色,举办各类营销活动向企业家推荐自己的培训课程和咨询产品。刚开始的时候,我很不习惯这种叫卖方式,总以为我是一名"知识工作者",理应受到市场尊重。现在我非常乐意在企业家面前"销售"自己,是因为这么多年面对面地与企业家对话的经历,使我能够了解中国企业特别是中小企业的生态环境。我真正地了解它们问题的症结所在,也真正能够把握住为它们提供培训和咨询服务的着眼点。于是,我几乎推翻了过去"我能提供给你的"研发模式,转变为"你最需要解决的"研发模式。这几年来,我向市场推出的都是解决方案的课程,把培训和咨询两种模式结合起来为中国企业"解决现实问题,产生长效价值"。

几年前,我曾经想退出培训业,重新回到实体经济里做一名职业经理人。我很想谋一份世界500强CEO的职位,让职业生涯添上浓墨重彩的一笔。命运似乎也很眷顾我,我拿到了一家企业中国区CEO的Offer(录用通知)。正当我准备赴任时,恩师潘千里教授的一番话给了我当头棒喝。当我告诉他我只在新的岗位上干三年就会重新回到管理咨询和培训行业时,老师问了我一个问题:你是想拥有这个CEO的名头,还是想获得CEO的成就?我告诉他我想要的是后者。恩师说,你已经在管理咨询和培训业5年了,还有很多中小企业需要你这种具有企业实务经验的人士为他们排忧解难。他说,假如通过你和团队的努力,所服务的企业每年营业收入累计起来超过世界500强的时候,你不也就做出世界500强的贡献了吗?!

恩师的谆谆教导不仅坚定了我为中国本土企业继续提供咨询和培训服务的意志,还点燃了我的思考。我树立了一个崭新的目标,在5年中为100家中小型企业建立"以绩效为驱动的经营目标管理模式",通过经营管理体系的完善和经营管理能力的提升练好内功,为企业发展和腾飞插上矫健有力的翅膀。

"绩效100工程"丛书是我实现这一目标的工作之一。

前言

企业家的使命，是带领全体员工，围绕战略展开年度经营计划，用100%的行动求100%的结果。经营企业的本质，是建立"以绩效为驱动的经营管理模式"，经营班子要把三项工程作为公司经营战略来抓。

● 第一项工程 ●

建立"经营目标体系"，并层层分解经营指标。

● 第二项工程 ●

掌握"考核评估"技术，制定绩效管理方案。

绩效是"干"出来的，不是"考"出来的。如果用过去的方法去执行今天的任务，显然是很难完成的。新的目标要用新的策略来完成。所谓的"策略"就是不一般的方法。

● 第三项工程 ●

寻找"行动策略",
以100%地完成经营目标。

本书是"绩效100工程"在企业落地的行动指南。

绩效是干出来的,而不是考核出来的。一开始,企业中会有人害怕推行绩效考核,因为变革会动某些人的"奶酪",也会改变大家的做事方式。人们不反对变革,但害怕变革会侵犯自己的既得利益。在推行新制度和新机制的时候,"变革法则"要求我们分析此项变革会波及哪些人的利益,应该事先处理这些人的"心情",再处理事情。这样,变革的阻力才能够化大为小,化小为了。有人做出了自我利益牺牲,保全了团队的长期利益,这样就证明"变革法则"有效果了!

企业考核什么就会收获什么;用什么方式考核,员工就会用同样的方式加以重视。KPI绩效指标库,是在建立企业经营目标体系的前提下,全面反映关键绩效指标的呈现方式。不同阶段,企业也许存在诸多不同的经营管理问题,可以把这些问题转化为相关指标提出考核,以引起员工的重视。连续3个月对阶段性绩效指标进行考核评估,若80%的考核指标取得长足的进步,绩效考核的"效应法则"就充分体现出来了。

地图演变史就是航海地理信息从零散到系统的组织过程,而一旦形成了系统,就产生了巨大的价值。"绩效100工程"丛书,从企业经营计划的制订到考核机制的建立,从目标分解到行动策略的寻找,把企业经营管理中的很多规则有机地组合起来,必将产生巨大的价值。

"绩效100工程"丛书围绕绩效方案的各个要素,制定了系列规则。8个规则的有机组合,形成"绩效100工程"的系统:

1.平衡计分卡原理:从4个维度把实现企业短期和长期的绩效做平衡安排;

2.KPI规则:关键绩效指标来源于经营目标体系分

解和每个工作岗位的关键成果（KRA）；

3.目标值的5大来源：每项指标任务的多少都有对应的来源依据，为了包含变化，提前分析与调整系数；

4.5级权重制：每个指标在100分中所占的比重，是根据5级定义描述确定的；

5.12大量化技术：通过计算公式，或者把定性的考核转化成量化标准，确保考核分值刚性；

6.归口管理：绩效计划和绩效结果的填报须由绩效小组（专员）统一界定；

7.面谈与辅导：绩效面谈5步法和绩效辅导7步法体现绩效管理"考核结果，管理过程"的本质；

8.马太效应：考核结果链接绩效工资。干得好的给他更多，干得不好的，连他本来得到的机会都要夺回来。

"绩效100工程"是怎样建立"以绩效为驱动的经营管理模式"的？

企业打造"绩效100工程"将会带动四大管理系统的完善。首先，经营目标分解和标准成本体系的建立，奠定了全面预算管理系统的基础；其次，客户关系管理系统，使企业在增加客户数目、客户回头率、每一笔交易的额度三方面有了良好的平台保障；第三，价值链重新构建，各部门为了缩短作业周期进行多边协议，为业务流程系统的优化注入新鲜力量；第四，员工成长系统，促进了员工行为的协同性、胜任能力培养的自觉性和创新精神的开放性。

管理追求简单，但复杂是简单的前提，简单是复杂的结果。简单≠简化。在管理中，系统未建设好之前，工作流、信息流都是片段式的。如果你在组织内实施系统改造时，要用"简单法则"消除人们的恐惧心理。我们可以用手表为例。手表的面上只是简单的时针、分针和秒针就能准确报告时间，但手表的"芯"却装着一个复杂的系统。正是由成百上千个螺丝、发条等零部件，才能支撑起这个系统。

如果技能不错、态度认真的员工没有完成任务，你会想到的原因是什么呢？大部分原因是不会使用身边的资源。因此，一个人再有才能，执行任务时置身边的资源而不顾，才能也不会完全释放出来。因此，物（资源）尽其用，方能人尽其才。

资源是一切可被开发和利用的物质、能量和信息的总称，是生产过程中所使用的投入。资源从本质上讲就是生产要素的代名词。资源是有限的，然而认识、利用资源的潜在能力是无限的。

企业有哪些资源？首先资源可以分为物质、信息和能量。物质资源包括资金条件、技术基础、生产资料、人力资本、场地、产品、基础设施和生产设备等八项资源。信息资源包括客情关系、网络、业务流程、工作计划、内报内刊、会议、培训活动、供应链等八项资源。能量资源包括经营效率、知名度、美誉度、政府关系、组织结构、经营历史、人际关系和运营机制等八项资源。

一位人力资源管理经理在履行"年度人才招聘计划"这份职责时，在资源运用方面采取的是如下策略：对照"资金条件"这一物质资源时，他采取的行动策略是将80%资金预算用在20%紧缺人才招聘上，做好招聘费用预算表；对照"人力资本"这一物质资源时，他采取的行动策略是将公司优秀员工晋升的故事图文并茂地展示出来，塑造公司雇佣品牌；对照"会议"这一信息资源时，他采取的行动策略是利用行业展会宣示公司品牌形象和经营实力的同时，宣传公司技术人才引进政策；对照"人际关系"这一能量资源时，他采取的行动策略是设计内部员工人才举荐奖励制度，鼓励员工利用社会关系发现人才、引进人才。

如何100%达成经营目标？

管理进入"器"时代。理念固然重要，但工具作用不可忽视。为了能够让绩效计划与行动策略落地，每个岗位应该推行"五个一"工程：一图一案一单一表一书，从而推动每个人生产力的提高。

"图"是指"绩效路径图"，将绩效指标落位到结构图中,并分析出完成任务的"行动策略"。

"案"是指"绩效考核方案",对每个KPI关键绩效对应的目标值、权重分和考核法的呈现。

"单"是指"行动策略清单",即对协同能力、胜任能力和创新能力的具体盘点。

"表"是指"资源使用表",即每项工作职责对照相应资源使用的过程分析。

"书"是指"工作说明书",即对每项工作开展的依据、权责和工作成果的描述。

只有写得清楚,才能说得明白;只有做出经验,才能教会别人。

目录

00 引子 / 001

01 导论：如何正确把握"绩效100工程" / 005

02 如何达成绩效目标 / 013
目标达成的执行路径和行动策略 / 014
目标达成的资源使用 / 054

03 目标达成与胜任能力 / 063
如何设计《绩效目标达成行动手册》 / 064
绩效目标达成需要什么样的能力 / 072

04 《总经理绩效目标达成行动手册》设计（范例） / 085
《总经理绩效目标达成行动手册》的重要提示 / 086
总经理工作规划操作详解 / 089

05 《"绩效100工程"技能转化手册》解析 / 195
"绩效100工程"技能点的构成 / 196
"原理"类技能点解析 / 198
"方法"类技能点解析 / 210
"工具"类技能点解析 / 238

00

引子

近年来，我常常在全国各地举办"绩效100工程"总裁沙龙，组织企业家围绕"你的企业达成年度经营目标有哪些障碍？"这一话题展开讨论，下面是沙龙中企业家们提出的比较具有代表性的问题。读者诸君，如果你对下列问题有认同，请在问题前面□里画钩。

□1.对于企业每年的增长速度，我们不知道到底要制定什么样的目标，怎么办？

□2.我们在制定经营目标的时候，很想让员工们一起参与，可是大部分人认为这件事情跟他们无关，怎么办？

□3.我们不知道如何让管理者"责、权、利"统一，怎么办？

□4.我们不知道哪些工作是要考核的，哪些工作是不用考核的，怎么办？

□5.我们高层制定的经营目标执行者却认为太高，完不成，怎么办？

□6.我们让各部门制定任务指标，往往他们定的比较低，甚至低于已经完成了的，怎么办？

□7.下属常常会以"计划赶不上变化"为由，对于已经确立的目标任务要求减免，怎么办？

□8.有些基层员工在接受考核时，上司就未完成的考核指标扣了分数，员工们认为上司看他不顺眼，闹情绪甚至消极怠工，怎么办？

□9.有时候企业经营目标明明并没有完成，可是员工的考核分数却都很高很高，怎么办？

□10.我们公司考核指标定性的太多，缺乏量化的标准，考核分数多一分无碍，少一分也行，怎么办？

□11.我们公司考核是由下属先自评，上司再根据他的表现打分。往往自评分很高，有些工作实际上表现不佳，上司如果扣了分，又觉得会影响下属的积极性。考核成了上司给下属送人情分的工具，怎么办？

□12.我们觉得考核结果一定要跟员工的收入挂钩，但挂钩多了，员工会被扣好多钱；挂钩少了，又不痛不痒，员工就会轻视绩效考核，怎么办？

□13.像生产、销售与采购这些岗位，比较容易量化他们的任务，而行政、财务和研发等工作就难量化，怎么办？

□14.我们公司的销售人员是拿提成的，生产人员是计件的，我们不知道对这两种人要不要考核以及如何考核，怎么办？

□15.我们公司的管理者不懂得如何进行绩效面谈，怎么办？

□16.下属没干好，上司也不知道如何帮他，怎么办？

□17.大部分管理者总觉得绩效考核太繁琐，影响他们的正常工作，怎么办？

□18.作为经营者我深知目标管理和绩效考核很重要，但大部分管理者都认为我们推行这项工作的条件还不成熟，怎么办？

□19.由于人员流动，新接手的人员对这一岗位的考核指标不认同，怎么办？

□20.目标明确了，责任也落实了，可是员工不知道用什么策略完成，怎么办？

说明：如果上述情形中有6条以上在你们企业中也存在，那就说明企业经营管理还存在很大的成长空间，建议你们每月组织读书会，让大家通过对"绩效100工程"丛书的学习，将书中的原理、方法和工具应用到自己的工作实际中，分享他们学以致用的心得体会。

01

导论：如何正确把握"绩效100工程"

地图演变史就是航海地理信息从零散到系统的组织过程，而一旦形成了系统，就产生了巨大的价值。

从地图演变史看"系统价值"

"绩效100工程"丛书从企业经营计划的制订到考核机制的建立，从目标的分解到行动策略的寻找，把企业经营管理中的众多规则有机组合起来，必将产生巨大的价值。

"绩效100工程"围绕绩效方案的各个要素制定了系列规则。

融合了系列规则的岗位绩效考核表

受约人姓名：	发约人姓名：

指标类型	关键绩效指标（KPI）	权重	目标值	完成值	考核方法	数据收集	得分
财务指标	净收入 存货周转天数	25 15	____万元 ____天				
客户指标	储值卡销售率 顾客投诉处理率	20 15	____% ____%				
运营指标	坪效（每平方米主营收入） 新菜品销售达标率	20 5	____万元 ____%				
学习与成长指标	人均销售贡献率 员工流失率 培训效果达标率	20 15 10	____% ____% ____%				

8个规则的有机组合形成"绩效100工程"的系统。

注解：岗位绩效考核表中的8个规则

1. 平衡计分卡原理： 从四个维度把实现企业短期和长期的绩效做平衡安排。

2. KPI规则： 关键绩效指标来源于经营目标体系分解和每个工作岗位的关键成果领域（KRA）。

3. 目标值的5大来源： 每项指标任务的多少都有对应的来源依据，为了包含变化，提前分析与界定调整系数。

4. 5级权重制： 每个指标在100分中所占的比重是根据5级定义描述确定的。

5. 12大量化技术： 通过计算公式或者把定性的考核转化成量化值，确保考核分值刚性。

6. 归口管理： 绩效计划和绩效结果的填报须由绩效小组（专员）统一界定。

7. 面谈与辅导： 绩效面谈5步法和绩效辅导7步法体现绩效管理"考核结果，管理过程"的本质。

8. 马太效应： 考核结果链接绩效工资。干得好的给他更多，干得不好的，连他本来得到的机会都要夺走。

受约人姓名：　　　　　　　　　　　　发约人姓名：

指标类型	关键绩效指标（KPI）	权重	目标值	完成值	考核方法	数据收集	得分
财务指标	净收入 存货周转天数	25 15	万元 天				
客户指标	储值卡销售率 顾客投诉处理率	20 15	% %				
运营指标	坪效（每平方米主营收入） 新菜品销售达标率	20 5	万元 %				
学习与成长指标	人均销售贡献率 员工流失率 培训效果达标	20 15 10	% % %				

"绩效100工程"是怎样建立"以绩效为驱动的经营管理模式"的?

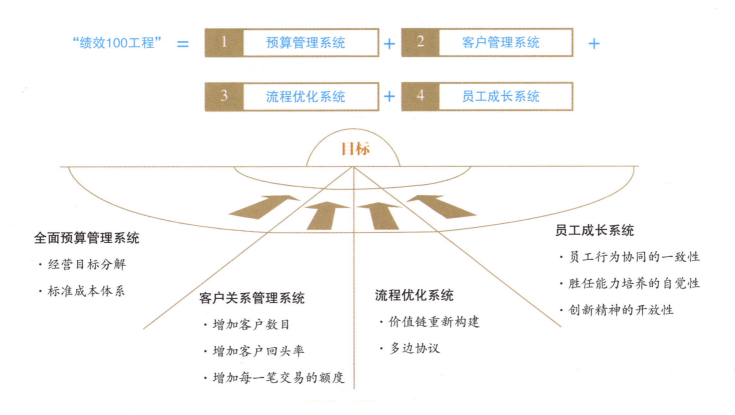

请认真思考下面的模型图中，企业人力资源管理的3个症结，即"招不到""留不住"和"用不起"的原因，以及模型图中给出的解决之道。结合《如何层层建立经营目标体系》《如何设计绩效管理方案》两本书的内容，不难发现：企业在打造"绩效100工程"的时候，"人"的瓶颈就迎刃而解地突破了！

突破绩效管理瓶颈的人才管理模型

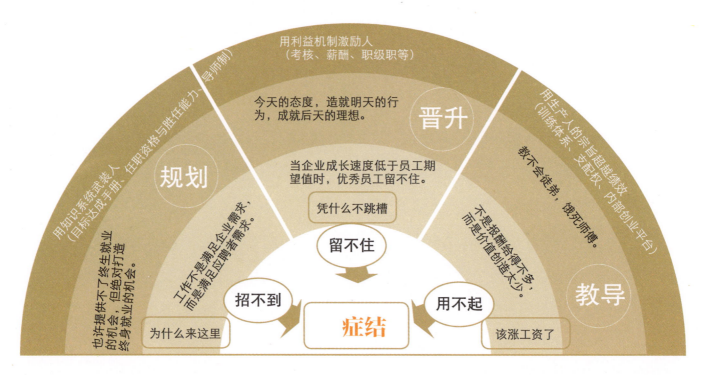

02

如何达成绩效目标

目标达成的两件事

| 执行 | 资源 |
| 路径 | 使用 |

目标达成的执行路径和行动策略

目标达成的执行路径

首先来探讨一下执行路径,从食堂管理员老周的绩效故事开始。

食堂管理员老周的绩效故事

背景:怡信科技是一家生产和销售测量仪器的高科技企业,总部位于苏州工业园。

老周是公司总务,主管公司食堂,负责公司五百多人就餐。前几年,由于食堂管理不善,饭菜不合员工口味,卫生环境也欠佳。职工都不大愿意在食堂就餐,纷纷跑到园区商业街饮食店用餐了。

食堂用餐员工只剩下几十人了,人工和采购单位成本上升,如果把食堂固定资产折旧计算在内,公司每年往食堂里要贴补七十余万元。

改革:管理层不能再坐视不管了,要求用一年时间止损,对责任人老周实施绩效管理,考核结果对应每月绩效工资和年底绩效奖金。

老周对食堂管理做了系列改革并在经营上大胆创新,终于向公司交出了一份满意的答卷。

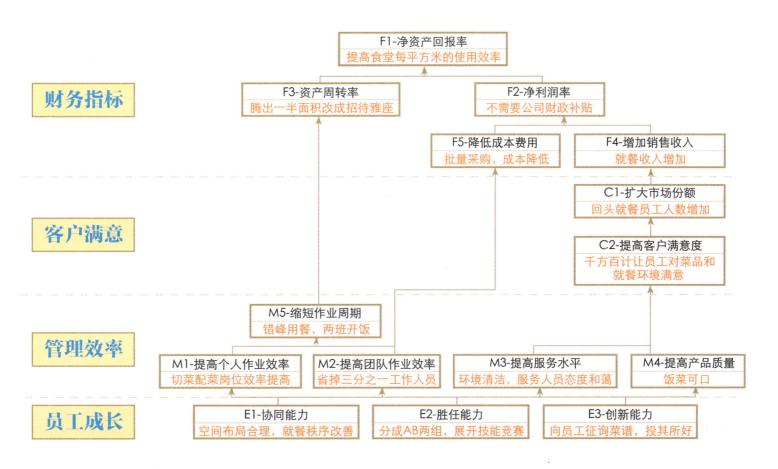

分析

老周的经营目标分解

目标：要想扭亏为平，老周确定了每一平方米食堂经营面积的产出指标（F1），除了想办法增加餐厅利润（F2），弥补上年亏损的70万外，减少食堂用地面积（F3）也是减负的一条途径。老周心里盘算着：要是腾出一半面积改成雅座，不也能增加食堂收入吗？

为了能减亏止损，老周以就餐人员稳定为出发点，增加餐票收入（F4），同时通过经济批量采购来降低菜米油盐的成本（F5）。老周的想法是收入（F4）提高了、成本（F5）降低了，那么利润（F2）就提高了。公司就不需要补贴！

问题：接下来的问题是，通过什么样的手段能达成扭亏为平的利润目标呢？

经过周密的思考和持续的行动，老周在一年中通过系列的有效举措，终于让员工陆陆续续地回到公司食堂就餐，员工食堂就餐人员占比一度超过97%。

年末结算的时候，食堂盈余有3万多一点，老周把这笔钱用来购买健身设备，改善了员工的业余生活。

老周的行动策略

创新：既然员工抱怨食堂饭菜不好吃，能不能由员工决定厨师用什么料烧什么菜？老周设计了一份调查问卷（E3），向员工征询每一天的菜谱。

没想到这招得到了员工普遍的响应，新菜品层出不穷，差不多每天都有不同口味和花样。

竞赛：食堂共有7名人员，一人负责采购和卫生。老周把剩下6人变成2个小组，每个小组各自负责切菜、配菜和烧菜。

为了让两个小组提高服务水平（M3）和菜品质量（M4），老周设A、B两个就餐窗口，以每天窗口收入界定两个小组的工作绩效。这样，这两个小组就不知不觉地展开劳动竞赛了。

减员：由于两个小组你追我赶的技能PK活动（E2）使工作效率（M1）大大提高，老周发现即使每组抽调1人也不影响食堂开饭,这样工作人员就省掉了1/3了(M2)。

规范:老周让食堂工作人员从穿着打扮方面统一形象,每件事情都设计了标准的工作流程(E1)。就连员工用餐时从哪个口进、哪个口出,哪儿领餐具、哪儿洗餐具,都制定了统一路线,各种标识都很清晰。

开源:由于员工就餐秩序改善,原来一个半小时接待就餐人员的时间跨度缩小到45分钟了。老周将生产一线和行政人员分两班开饭(M5),形成错峰用餐局面。

老周把省下来的两个人手组织起来,让他们把省下来的一半面积装修成雅座(F3),对外经营。用经营收入弥补食堂的暂时亏损。

稳定:一连串有效的行动终于提高员工对食堂的满意度(C2),从外面回来就餐的人员越来越多

(C1),这样食堂餐票收入(F4)就越来越稳定了。

由于采购量增加了,经济批量采购使每一份饭菜的成本(F5)下降了。用人减少,面积减少,综合成本越来越下降。饭菜可口,价格比外面越来越有优势。食堂就餐人气越来越好,对外经营效益也凸显出来。

老周的止损计划就是这样达成的。如今,老周已是这家企业负责经营的厂务经理了!

> **提示**
>
> **不是方法决定目标,而目标确定方法。(绩效法则一)**

让我们再来看看区域经理小刘的绩效故事。

区域经理小刘的绩效故事

背景:华胜钢结构工程公司是四川的一家钢结构建筑设计、施

工的企业，负责成都区域市场开拓的是销售经理小刘。

2010年小刘完成了2500万销售回款任务，离目标任务2800万差了一小截。

改革：2011年公司对成都市场加大了资源投入，销售回款任务定为3500万，并对小刘实施全面绩效考核，销售提成与

指标	2012年目标值	2011年完成值	权重	考核方法	2012年完成值	数据提供
销售回款任务	3500万	2500万	25	达标率量化		销售统计
市场开发费用占比	2.3%	2.8%	20	逆向标准差		销售统计
应收账款周转天数	32天	39天	20	逆向标准差		账龄分析报表
单个订单资产收益率	28%	26.5%	25	达标率量化		财务决算
工程项目平均开发周期	22天	32天	15	分段赋值量化		销售日志
区域在接项目占比	12%	10%	15	余额控制量化		业务立项报表
技术方案差错率	≤2%	3.5%	10	概率量化		技术方案评审表

| 02 | 如何达成绩效目标 |

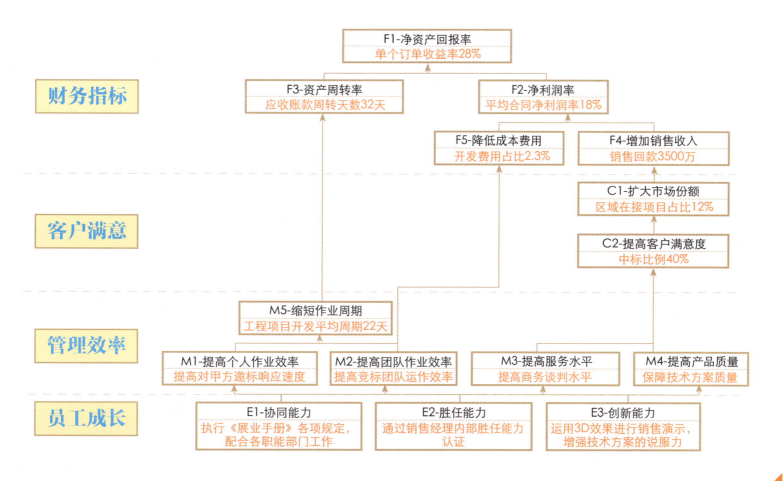

分析

小刘如何达成销售目标？

指标落位：小刘领会了"绩效路径图"这一工具的使用，把考核方案的7项指标逐一"落位"到图中，结合自己的工作实际，在没有曲解"绩效路径图"方法论的同时，因地制宜地构建了自己的"绩效路径图"。这7个指标之间都是逐层分解环环相扣的，因此行动策略也是相互依赖的。

行动策略：小刘为了达成绩效目标，他在三个方面建立了行动策略。一是执行公司新出台的《展业手册》的规定，工作开展得非常有条理，动作也规范了，同技术研发、现场施工的协同能力（E1）大大提高了。

二是提升作为区域销售经理的胜任能力（E2），包括市场开拓能力、商务谈判能力、销售建议书编制能力、方案演示能力、应收账款催收和商机推进等6大能力。

三是创新能力（E3）得以彰显。小刘发现工程投标时介绍公司实力、技术方案和样板工程是甲方最在意的环节。他花了很多精力制作了一款3D效果的视频资料，在方案演示时赚足了眼球，为提高中标率立下了汗马功劳！

02 | 如何达成绩效目标

> 两则绩效故事的启示
>
> **目标分解,自上而下;策略寻找,自下而上。(绩效法则二)**

总结:"绩效路径图"的由来及其原理

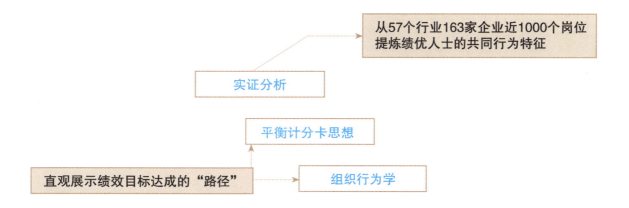

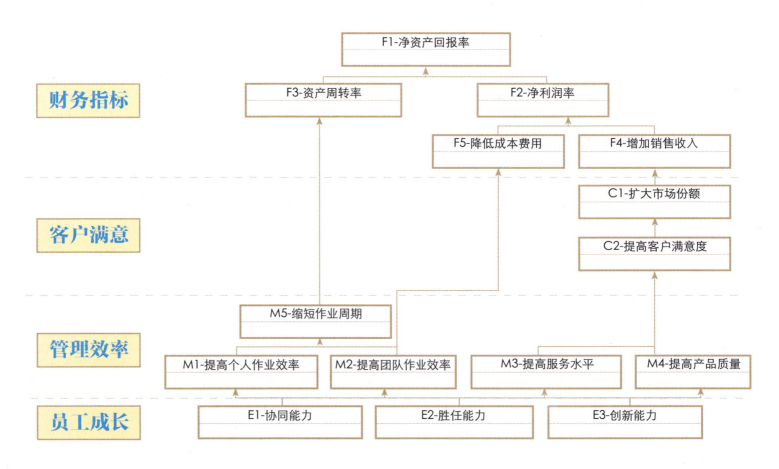

绩效路径图是用组织行为学对平衡计分卡的一种解读。

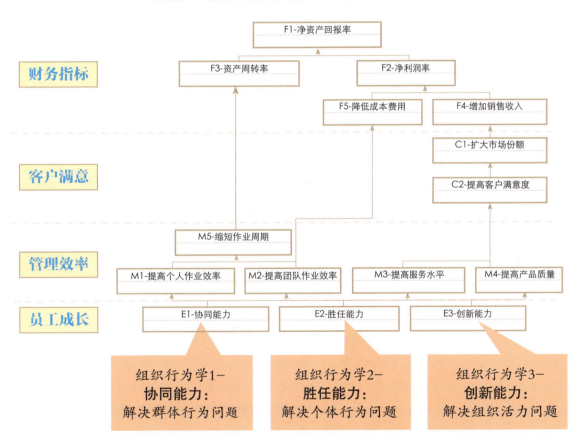

目标达成的行动策略

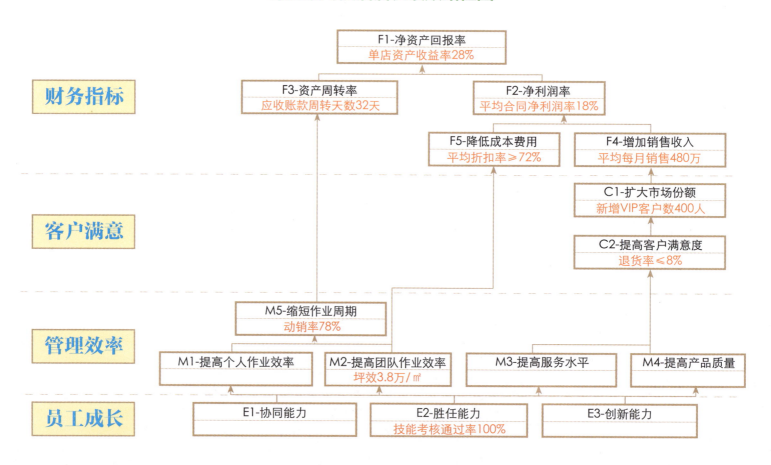

店长绩效目标达成手册

行动策略1："标准话术"的操作步骤和要点

行动策略2："《终端销售与服务规范》使用"的操作步骤和要点

行动策略3："店务会组织"的操作步骤和要点

行动策略4："数据分析工具标准化"的操作步骤和要点

行动策略5："用足总部的销售政策"的操作步骤和要点

行动策略6："产品知识技能竞赛"的操作步骤和要点

行动策略7："业绩PK"的操作步骤和要点

行动策略8："首个达标奖励计划"的操作步骤和要点

行动策略9："电脑操作培训"的操作步骤和要点

行动策略10："STAR案例撰写"的操作步骤和要点

行动策略11："畅滞销趋势分析"的操作步骤和要点

行动策略12："贵宾专属服务"的操作步骤和要点

行动策略13："顾客回访四部曲"的操作步骤和要点

行动策略14："区域市场情报收集"的操作步骤和要点

行动策略15："会员专场活动"的操作步骤和要点

店长目标达成15个行动策略

协同能力

①标准话术
②《终端销售与服务规范》使用
③店务会组织
④数据分析工具标准化
⑤用足总部的销售政策

胜任能力

①产品知识技能竞赛
②业绩PK
③首个达标奖励计划
④电脑操作培训
⑤STAR案例撰写
⑥畅滞销趋势分析

创新能力

①贵宾专属服务
②顾客回访四部曲
③区域市场情报收集
④会员专场活动

行动策略1：标准话术

原则：练习场上不努力，罚球不中丢成绩。	
步骤	**要点**
1.讨论话术 ↔	组织终端导购人员集中讨论销售与服务中各个环节的优秀话术，群策群力，集中大家的智慧，总结大家公认为优秀的话术案例。按照不同场景运用分类整理，话术提炼要求精炼，具有一定的代表性。
2.话术整理 ↔	整理成规范的话术库，形成手册，或将电子版共享，并要求所有导购人员熟记话术，能根据不同情况运用相应的话术。
3.运用话术 ↔	要求所有导购人员熟练地运用话术库进行终端销售与服务，以现场测试的方式检查导购人员掌握话术的熟练程度，可以采取现场模拟、角色扮演等形式，对于话术不能熟练运用的导购要限期再次检查直至通过为止。
4.定期检查话术运用效果 ↔	定期检查话术库的运用效果，现场观察导购人员在实际操作过程中顾客的反应，检查是否能达到预期的效果。
5.不断完善话术 ↔	不断完善话术库，及时更新话术库，将更优秀或更适合的话术加入话术库。

行动策略2：《终端销售与服务规范》使用

原则：写得清楚，就能做得明白；做得明白，才能教会别人。

步骤	要点
1.销售与服务规范化研讨	组织相关人员进行销售与服务规范化研讨，寻找大家共同认为最好的销售与服务流程，整理后形成《终端销售与服务规范》，用规范的流程图与表述方式，将终端销售与服务的流程整理成规范的文本，特别是对于员工行为及操作流程的标准化。手册里所描述的一定是可实际操作执行的。
2.发布《终端销售与服务规范》	将定稿后的《终端销售与服务规范》正式发布执行，要求所有导购人员熟悉并执行《终端销售与服务规范》，按照手册要求进行演练与实操。
3.检查终端执行情况	检查终端销售与服务规范的执行情况，统一员工行为与工作流程，通过现场观察或定期抽查的方式，检查导购人员执行情况，对于不按规范与流程执行的导购进行一定的处罚，并限期再次检查，直至通过为止。
4.不断完善	不断完善并优化《终端销售与服务规范》，定期总结手册中的流程规范，归纳更适合的操作要点并更新手册。

行动策略3：店务会组织

原则：用昨天的得失反观今天的行动，预防明天的差错。	
步骤	**要点**
1.召开月店长会	月店长会前准备《周销售分析表》及店员上月各项考核指标完成进度数据。会议时间为15分钟，会议重点是总结上月业绩及需要改进的方面，本月业绩达成的措施及个人的目标要明确。
2.召开周店长会	周店长会前准备本周销售分析表、周销售数据分析、主推货品、上周问题、下周重点事项，安排并公布每日店务会主持人名单。时间为10分钟，会议重点是激发店员参与的积极性，提高发现问题解决问题的能力。
3.召开日店务会	日店务会时间为5～10分钟，会议主要内容：分享销售战报，目前店内任务完成情况，个人业绩情况；总结昨日得失，成交故事分享，明确当日个人销售及客资目标；新款介绍、货品的提醒、适合的客群及成套搭配；新老顾客的状况及回访情况；对当天货品调拨返库的交接，对前一天调拨货品的跟进；新款上市后的信息反馈、建议和需要改进的意见；公司及商场下达的新的通知、规定、制度、学习材料等的知会、学习；激励店员销售，相互加油。

行动策略4：数据分析工具标准化

原则：凡是量化的，都可以改进；凡是无法量化的，都难以管理到位。

步骤	要点
1.收集日常数据分析工具	收集日常商品销售分析工作中所用到的所有数据分析工具。寻求公司总部销售部门的支持，学习如何进行数据分析，并了解数据分析需要用到的工具有哪些，包括相关表单及原始数据收集工具等。
2.规范工具	对每一项数据分析工具备注使用范围、使用时机、使用规范。建立工具的使用说明，清楚知道每张表单用在什么时机、该如何规范使用以及使用流程等，不仅自己清楚，还要让店员也能配合使用。
3.整理共享	整理好终端店铺数据分析工具包，提交公司总部，并在全公司所有店铺共享。
4.更新完善	不断更新完善数据分析工具包。各终端店铺在实际进行数据分析时如有更新的工具，或工具有调整，则需要及时更新数据分析工具包。

行动策略5：用足总部的销售政策

原则：物（资源）尽其用，才能人尽其才。	
步骤	**要点**
1.学习、讲解销售政策 ↔	在公司下达新的销售政策时，要第一时间认真学习、解读，如有不明白的地方，要及时向公司主管部门详细了解政策制定的出发点、公司的底线要求以及公司可以给到的操作空间。首先自己要对销售政策能完全理解，并熟悉操作流程与规范。
2.传达到位 ↔	向店员传达公司的销售政策，并作详细的解释，要求所有店员熟悉了解公司政策，并能严格按照各项政策操作，不能违反公司底线要求。
3.运用销售政策提升业绩 ↔	在不影响公司利益、不违背销售政策的前提下，利用销售政策提升销售业绩。活用销售政策，遇到政策中未涉及的事项，及时请示公司相关主管部门，在征得上级主管部门同意的情况下，灵活处理，严禁自作主张。或将自己对问题的处理建议及解决方案上报主管部门备案。

行动策略6：产品知识技能竞赛

原则：平时多流汗，战时少流血。

步骤	要点
1.制订计划方案	产品知识技能竞赛计划包括竞赛时间、参加对象、活动形式、竞赛规则、费用预算、评定标准、激励标准等，活动形式可以定为产品基本知识竞赛、产品保养知识问答竞赛、产品陈列竞赛、产品FAB知识竞赛等，每次竞赛挑选一个主题。激励方案除设置奖励外，没有通过的店员也要给予适当的处罚。
2.宣导	店铺内宣导，鼓励大家积极参与。要求所有店员都要参加竞赛，且竞赛结果纳入到绩效考核成绩中。
3.赛前准备与演练	提前给一个星期的准备与演练时间。
4.竞赛评选	成立评委小组，竞赛现场公布最终结果。结果及时公布，确保公正、公平、公开。
5.总结分享	获奖人员奖励并总结分享。引导获奖人员分享是如何在平时做好赛前准备的，如何才能快速有效地学习产品知识。

行动策略7：业绩PK

原则：激励使人奋发，竞赛让人图强。	
步骤	**要点**
1.制定规则	制定一对一PK竞赛规则，并宣导。一对一PK竞赛的参加对象为店铺所有导购员，可以设定在一定期限内（两周，时间周期不能太短也不能太长）针对个人销售业绩（或者PK指标设为连带率、新增VIP客户数、客单价等，每次只能设定一个指标，且指标的完成情况统计一定能按个人进行量化），事先设定好奖惩方案（如输的一方请赢的一方吃饭、或者现金一百元、或者送一件小礼品等，奖惩方案要容易执行且金额不会太大）。
2.组成PK小组	在部门内自由组合，一对一结对，组成PK小组。可以由店员自己自由组合，也可以抽签决定配对，结对双方条件与实力最好能在同一水平。
3.动员激励	双方承诺PK活动中的共同目标与奖惩标准。让店员在店务会上进行公众承诺，表决心、表信心，激发大家的斗志。
4.公布结果	每天统计并公布业绩进度，PK周期一到，就在当天的店务会上公开进行奖惩兑现。统计最终成绩，公布PK结果，执行奖惩方案。

行动策略8：首个达标奖励计划

原则：好的领导树榜样；优秀员工争第一。

步骤	要点
1.制订方案	制订达标奖励方案，明确各项指标目标值及奖励标准报公司批准，并申请奖励金。指标项可设为个人累计业绩、高单奖（单次成交金额达到多少额度）、个人累计成交客户数等；考核指标的目标值不需要太高，应在大家都能有机会完成的范围内；可以限定活动周期；争取总部的支持并申请一定的奖励金；如果公司认为方案可行，可在公司其他店铺同时进行。
2.宣导动员	在店务会中向店员宣导活动细则，引导大家积极参与，争取拿到奖励。
3.统计进度	及时统计各店员相应指标完成情况。每天公布指标完成进度及排名情况，并及时激励大家赶超，同时店长可以给大家一定的资源支持，但一定要一视同仁。
4.奖励分享	对首个达标的店员及时通报表扬并给予奖励。请首个达标店员在店务会中分享心得体会并总结经验。

行动策略9：电脑操作培训

原则：能力决定任务完成的质量；工具决定任务完成的速度。

步骤	要点
1.需求调查	调查大家对于电脑软件使用的熟练程度，分析弱项。主要针对店铺日常需要用到的数据整理软件与办公软件（如ERP系统、OA系统、OFFICE软件等）。
2.讲师安排	有针对性地设计电脑培训内容，向公司总部申请使用软件熟练又善于分享的员工担任内部讲师，或由店长到公司总部学习，能熟练操作后，自己回店担任内部讲师，培训店员实际操作电脑。
3.安排培训	利用工作之余的时间，集中安排培训，培训时一定是结合工作实际流程与要求，通过案例演示、流程讲解、实操演练等方式，让大家快速掌握日常工作中的电脑操作要求，提高大家电脑软件操作能力。
4.考核检查	通过现场考核检验培训效果，确保大家都能熟练使用数据整理软件。做到人人过关，操作无差错。

行动策略10：STAR案例撰写

原则：写得越深刻，教别人的本钱就越深厚。

步骤	要点
1.宣导动员	向店员宣导STAR案例表的意义，并鼓励大家积极整理STAR案例表。可以设定相应的奖励机制（需要征得公司上级主管部门的同意并寻求奖励金的支持），凡为STAR案例库贡献了一个案例的，可以获得一定的奖励或积分。
2.案例整理	店员自行整理STAR案例表，可将自己在日常销售与服务过程中成功的案例进行总结，按照STAR表的格式描述整个案例的详细过程（时间、地点、人员、场景描述、问题焦点、行动措施）与最终结果及心得体会，店长协助修订完善。
3.汇总分享	在店铺中分享STAR案例，如果大家认为具有代表性且案例中的解决方案行之有效，则向公司推荐纳入公司STAR案例库。STAR案例要求生动、具体，能达到剧本的效果（别人能按照案例中的描述再现当时场景）。案例汇总时按个案主题、个案类别、个案编号进行分类管理。
4.案例运用	STAR案例库可运用在员工培训中，或作为员工的学习手册。

行动策略11：畅滞销趋势分析

原则：未雨绸缪，预防失败。

步骤	要点
1.数据统计	统计店铺中各商品两年内的历史销售数据，按款式、品类分类整理，并转换成曲线图，重点关注动态销售数据的走势。运用对比法与平均法进行分析，预测在下一销售时间段中，哪类款式的商品或哪种品类的商品会畅销或会滞销。
2.排名分析	按照不同的分类（款式、品类），进行畅滞销排名分析。要做双向排名，既要考虑数量又要考虑货值（销售价格），关注畅滞销双高（最畅销商品中销售数量和销售价格均最高的商品，最滞销商品中销售数量和销售价格均最少的商品）。
3.销售预测	通过销售数据动态分析，预测畅滞销的趋势。运用对比法与平均法进行分析，预测在下一销售时间段中，哪类款式的商品或哪种品类的商品会畅销或会滞销。
4.调整策略	通过预测，调整相应的商品销售策略与货品配备策略。会畅销的商品多备货，可能会滞销的商品，尽快通过促销的方式或其他销售渠道进行清仓，以提高商品的产销比与动销率。

行动策略12：贵宾专属服务

原则：不是过去的方法决定今天的目标，而是今天的目标决定明天的策略。

步骤	要点
1.制订方案	制订贵宾专属服务方案，明确活动目标，上报公司总部审批。方案中明确销售目标以及贵宾专属服务的组织方式、责任人、实施时间、费用预算，明确顾客预约及销售话术。
2.挑选顾客	在VIP顾客中挑选贵宾专属服务对象。挑选品牌忠诚度高、有经济实力且工作太忙的大客户。
3.顾客分析	分析贵宾的历史购买记录。从顾客档案中调出顾客的历史购买信息，了解贵宾的喜好、着装风格，并有针对性地为顾客挑选好适合的商品。
4.实施服务	实施贵宾专属服务，与顾客预约好上门服务的时间，在提供上门服务的时候，增进与顾客的交流，收集顾客更多的相关信息，最终目标是要销售商品给顾客，达成销售目标。
5.活动总结	总结活动中的不足与可取之处，为下次同类活动提供借鉴。

行动策略13：顾客回访四部曲

原则：动作对了，结果迟早会更好。

步骤	要点
1. 当日新增客资感恩	整理当日自己的"新增客资卡"时注意分清：潜在、白卡、VIP。为新增顾客发感恩短信，可将感恩短信模板存于手机中，发送时只需更改顾客的称呼，根据短信的结构化要求，主要针对当天首次购买的顾客，从短信范例（或感恩短信库）中选择合适的短信内容发送给顾客。将新增顾客分类录入OA，录入时确保信息准确无误。
2. 以往成交顾客短信回访	查询"我的白卡""我的VIP"内前3天（以当天的时间往前数的第3天）消费的顾客，分别为这些顾客发保养、搭配短信。根据顾客购买的产品保养要点选择短信模板，并修改顾客称呼，检查无误后方可发送。
3. 以往成交顾客电话回访	查询"我的白卡""我的VIP"内前20天（以当天的时间往前数的第20天）消费的顾客，分别为这些顾客做电话回访。电话时间一般安排在上午11:00~12:30，或者晚上19:00~20:30；关心是否穿了，并询问穿着感受，多用正面的、肯定的、积极的语句，少用开放式的问题。
4. 再次邀约顾客回店	当日解决电话回访中发现的问题，如满意，夸顾客有眼光/转介绍带人来，了解近期需求；如不满意，先道歉，邀约顾客来店重新做搭配，尽量把顾客邀约回来；顾客提出问题要第一时间给予解决。

行动策略14：区域市场情报收集

原则：竞争的本质是以对手的行动调整我方的计划。	
步骤	要点
1.收集信息	关注店铺周边区域市场的各种行业信息。广泛收集店铺周边区域市场的各类情报，包括行业展会、新店开业、促销活动、新品上市等信息。
2.分类处理	对从区域市场收集到的情报进行分类处理，过滤无关情报。如有与本店铺相关的情报则重点关注，如行业人员的流动、同类新店开业、促销活动、新品上市等。
3.重点关注	重点关注竞争品牌的各类情报。多收集竞争品牌的情报，特别是直接竞争对手的情报，如销售业绩、销售政策、促销活动形式、产品信息（产品设计、定价、折扣）、人员信息（离职人员、薪酬待遇、培训内容、联系方式）等。
4.情报上报	针对竞争品牌的情报，上报公司一定要及时，确保情报的时效性，并寻找相应的应对策略。

行动策略15：会员专场活动

原则：挖掘老客户新需求比开发新客户更能体现经营效率。

步骤	要点
1.制订方案	制订会员专场活动策划方案，设定活动目标，并将方案提交公司总部审核。可寻求公司企划部的协助，来策划会员专场活动方案，明确活动目的，方案中要确定活动时间、活动形式、销售目标、主推商品、参与顾客对象、费用预算及需要其他各部门配合的事项等。
2.活动准备	做好活动前的各项准备工作与顾客的邀约工作。准备好活动用的宣传资料、POP、主推商品及礼品。邀约顾客时采用统一的话术，确保顾客的到店率，邀约时间在活动的前一两天，不能太前，也不能太近。
3.活动执行	活动现场氛围营造与主推产品销售。活动期间让所有店员明确本次活动的目的，优惠活动只是吸引顾客回店的途径，销售商品提高业绩才是真正的目的。
4.活动总结	活动结束后的总结。总结活动中的不足与可取之处，为下次同类活动提供借鉴。

分析

某公司商业经营管理事业部总经理"绩效目标达成策略"分析

首先,我们来分析"商业物业运营管理"的本质。

意义:商业物业运营管理是商业项目运作的末端环节,是"哑铃"的"二重"之一(哑铃另一端是选址规划)。

商业物业运营管理有别于传统的物业管理,更强调经营性、形象服务产品的提供,并为业主/租户提供多样化的延伸服务。

商业物业运营管理是服务、经营与收益的结合。

商业物业运营管理是所有前期环节的承接者、维护者、巩固者、评估者和完善者。

商业物业运营管理是一种创造性的活动。

商业物业运营管理是获得长期稳定现金流、实现商业物业保值增值的重要保障。

商业物业运营管理是商业项目"创收、赢利"的闸门和渠道。

商业物业运营管理直接面对终端消费者,具有强大的资源整合力和社会影响力。

商业物业运营管理是商业项目是否成功的最终决定因素。

内涵:商业物业运营管理分为两大范畴,即基础物业管理和商业经营管理。

商业经营主要包括:开业、招商、形象推广、多种经营和商户管理。

基础物业管理主要包括:建筑物维护、物业配套维护、消防与安全、环境保洁、内部交通管理和现场管理。

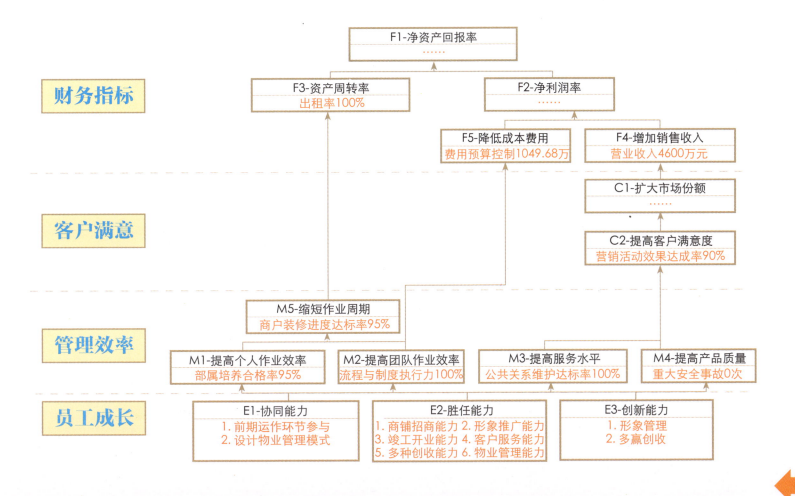

> **分析**
>
> 为什么绩效指标在"绩效路径图"中这样呈现？

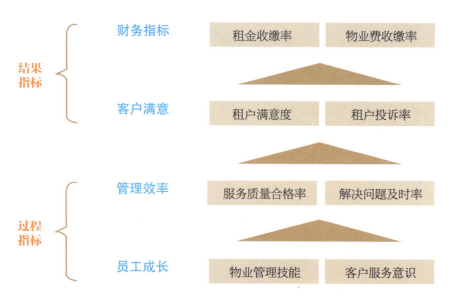

商业经营管理事业部总经理年度绩效考核方案

序号	考核指标	权重	数据来源	指标说明与计算公式	实际值	得分	数据来源
1	营业收入	40%	4600万元	1.绩效=目标值，得100分； 2.比目标值每提高5%，加10分，最高120分； 3.小于目标值的70%，本项不得分； 4.介于100%与70%之间的，得分=实际值÷目标值×100。			财务部门
2	费用预算控制	15%	1490.68万元	费用控制率在±5%范围外为0分。			财务部门
3	出租率	10%	100%	1.绩效=目标值，得100分； 2.小于目标值的70%，本项不得分； 3.介于100%与70%之间的，得分=实际值÷目标值×100。			财务部门
4	重大安全事故	10%	0事故	出现1次重大安全事故，本项得0分。			典型事件记录
5	商户装修进度达标率	10%	95%	得分为董事会成员总体评价平均分。			董事会评价、装修协议
6	公共关系维护达标率	5%	100%	1.扣分项：出现媒体负面报道，外部投诉等事件一次扣分20分； 2.加分项：出现危机事件，妥善处理1次加10分，封顶120分。			典型事件记录
7	营销活动效果达成率	5%	90%	取每次营销活动效果平均值，即（N1+N2+N3…Nm）÷m。			营销活动效果评估表
8	部属培养合格率	5%	95%	1.加分项：每超出1人加5分，最高不超过120分； 2.扣分项：每少于目标值1人扣20分，若实际培养胜任人数为0，本项为0分。			人力资源部门胜任能力评估
9	关键业务流程与制度化执行力	5%	100%	1.符合实际，群众拥护性高，运行良好，效率比以往提高快，得110分； 2.符合实际，群众拥护性高，正常运行，得100分； 3.符合实际，不断完善，逐步让大家适应，不断走向正常运作，得80～90分。			总裁办已公布制度

序号	考核指标	考核指标说明和计算方法
1	营业收入	1.营业收入=租金收入+停车费及搬运费+广告收入+其他经济收入； 2.完成率=实现值÷目标值×100%。
2	费用控制率	1.费用项目=经营费用+管理费用+财务费用，各类费用明细按财务统一口径； 2.费用控制率=实际费用÷预算费用×100%。
3	出租率	出租率=已租摊位面积÷总摊位面积×100%，其中已租摊位以租赁合约为准。
4	重大安全事故	重大安全事故指： 1.火灾事故导致的直接经济损失在10万元以上（≥10万）； 2.人员死亡； 3.或按国家规定列为重大安全事故的。
5	商户装修进度管理	要求：管理商户装修进度，在装修协议规定的时间内完成，以保证不影响开业为前提。按照三级评价标准进行打分：良好［100～81分］、一般［80～60分］、不合格［59～0分］，由董事会成员分别对各商户装修进度情况对公司开业的影响程度进行总体评价，最后取平均分。
6	公共关系维护	要求：做好社会关系的开发与维护,妥善处理各种危机事件。
7	营销活动效果	参照百分制营销活动效果评估表,对每次营销活动进行打分,最终得分取平均分。（参见相关二级表单）
8	部属培养	本年度部属培养岗位名称有：部门经理及以上,胜任人数为经人力资源部与上级确认的胜任人数。实际值=胜任人数÷目标培养人数。（参见相关二级表单）
9	关键业务流程与制度化建设	符合复合业态（Shopping MALL）的关键业务流程与制度。

商业管理公司总经理目标达成行动策略清单

协同能力	胜任能力	创新能力
① 前期运作环节参与 ② 设计物业管理模式	① 商铺招商能力 ② 形象推广能力 ③ 竣工开业能力 ④ 客户服务能力 ⑤ 多种创收能力 ⑥ 物业管理能力	① 形象管理 ② 多赢创收

"协同能力"分析一：前期运作环节参与

从综合体的投资论证到招商管理的诸个环节，商业物业运营管理都应参与进去，对每个环节提出合理化建议。无论是在投资论证阶段、规划设计阶段，还是在工程建设和招商管理阶段，商业物业运营管理都应密切关注和跟踪，从而为项目交接后的进场管理奠定基础。

"协同能力"分析二：设计物业管理模式

　　商业物业运营管理是一项综合管理工程，把分散的社会分工集合为一体，并理顺关系，建立通畅的服务渠道，以充分发挥物业管理的综合作用。对商业物业实体实施管理之前，就应设计物业管理模式，制定相应的规章制度，并协同开发商草拟有关文件制度，印制各种证件，以及进行机构设置、人员聘用、培训等工作。这些均应在物业前期管理阶段安排就绪，以使物业一旦正式交付验收，管理公司便能有序地对物业实体进行管理。

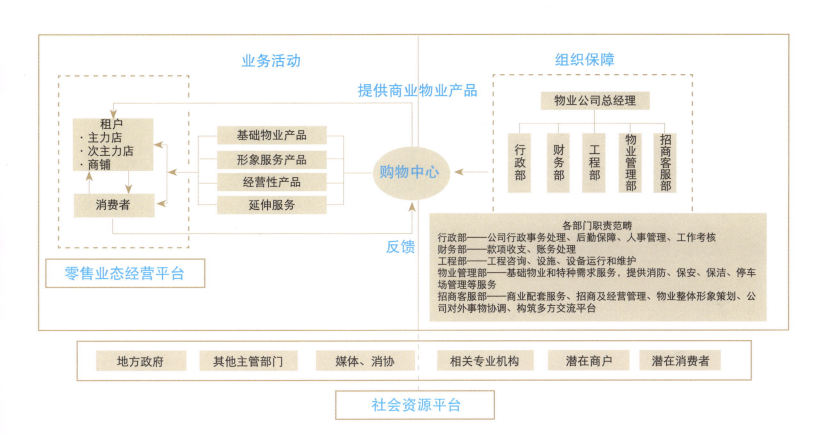

"胜任能力"分析：为什么是这6种？

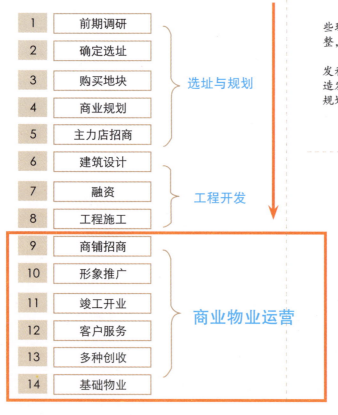

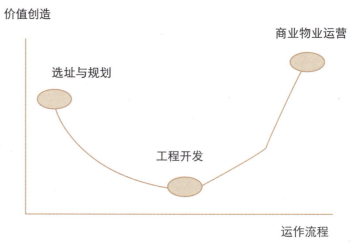

构建一个商业综合体，大致需要左边所示的14个环节。这些环节的数量和顺序，可能因各种项目运作的特殊性会有些调整，但反映了一般规律。

14个环节又可以归类为3大关键活动：选址与规划、工程开发和商业物业运营与规划。商业物业运营对购物中心的价值创造发挥着至关重要的作用，相比之下，工程开发重在严格地按规划内容执行，价值增值最少。

"创新能力"分析一:形象管理

商业地产两个阶段形象推广活动的比较

招商阶段		商业物业运营管理阶段
由开发商、招商团组织	组织者	由物业管理公司组织
商户群、消费者、区域民众	目标受众	消费者、区域民众
开发商的信誉、品牌、物业升值展望	组织者诉求	优质特色的体验、服务、商品、价格
满铺、旺场,宣传塑造购物中心品牌	目标	店内促销,维护和提升购物中心品牌
开发商	承资人	商业物业管理公司组织筹资

> 本部分论述内容使经营管理事业部总经理在工作上有很大的发挥空间。

结论

成功的形象推广活动，是方案、组织、媒介选择的完美结合，"形象管理"无疑成为商业经营管理事业部总经理的创新能力之一。

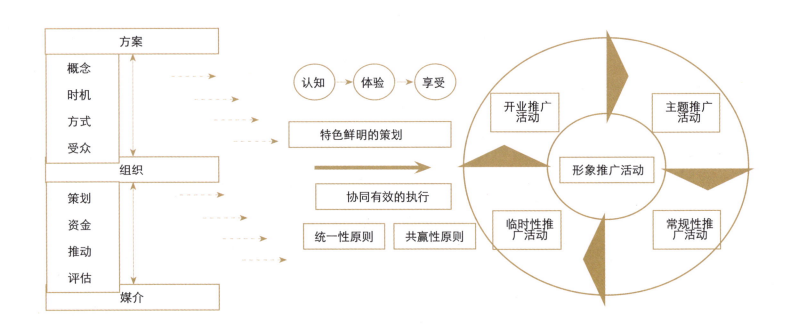

"创新能力"分析二：多种经营

多种经营是购物中心物业管理公司最为典型的创收辅助工具。要通过多种经营实现多赢创收，需遵循灵活性原则、差异性原则、服务性原则和整体性原则。

"多赢创收"是物业管理公司筹集资金的最佳渠道。

物业管理公司不能单纯依赖物业管理收费求得生存，依靠多种经营可以走向市场，弥补物业管理经费的不足。

· 通过多种经营可以扩大经营服务领域，采取各种特约服务形式和间接地为商户和消费者提供各种经营和生活服务等形式，开辟物业管理的经费渠道。

· 通过多种经营和加强管理降低成本，可减轻商户的直接物业管理费用，提升商户的满意度。

· 通过多种经营可增加购物中心的经营、服务内容，提升消费者满意度。

· 通过多种经营获得收入，物业管理公司可更充分地用于企业内部员工的培训和激励，提升员工的满意度。

结论

商业经营管理事业部总经理必须用创新的手法来从事"多赢创收"，才能打开筹集资金的畅通渠道。

目标达成的资源使用

为什么任务完不成，而资源却在闲置？

——大部分情况是不知道资源在哪里。

物（资源）尽其用，方能人尽其才。（绩效法则三）

什么是资源

给资源下个定义吧!

1 是一切可被开发和利用的物质、能量和信息的总称。

2 资源定义为"生产过程中所使用的投入"。

3 资源从本质上讲就是生产要素的代名词。

4 资源是有限的,然而认识、利用资源的潜在能力是无限的。

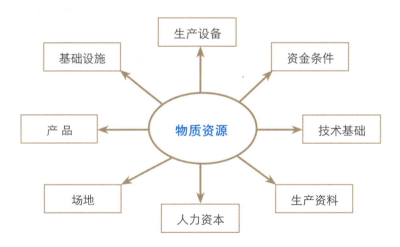

资源的种类

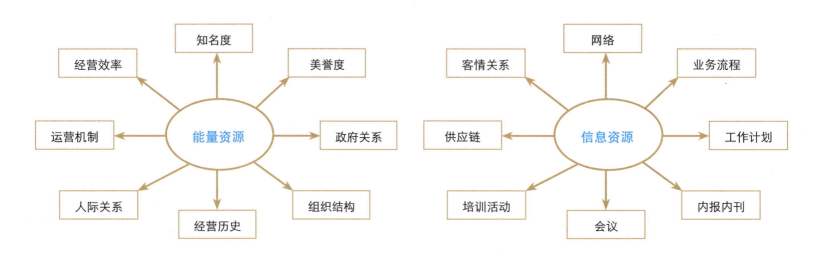

资源使用表

工作事项	物质资源							信息资源							能量资源						
	产品	基础设施	生产设备	资金条件	技术基础	生产资料	人力资本	场地	工作计划	业务流程	网络	客情关系	培训活动	内报内刊	会议	供应链	经营历史	知名度	美誉度	运营机制	组织结构	人际关系	政府关系	经营效率

如何使用资源达成绩效目标

人力资源经理资源使用示意图

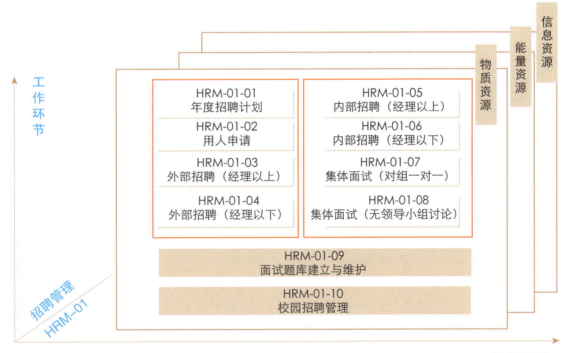

HRM—01—01年度招聘计划流程图

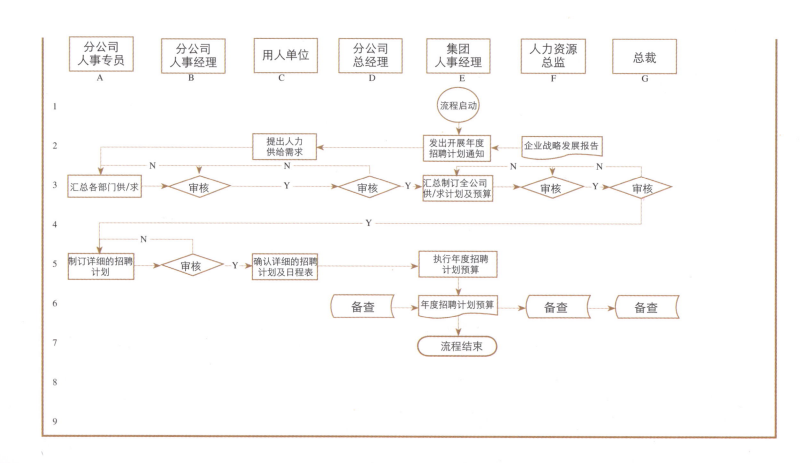

注解：HRM—01—01年度招聘计划资源使用盘点表

① 将80%资金预算用在20%紧缺人才招聘上，做好招聘费用预算表。

② 将公司优秀员工晋升的故事图文并茂展示出来，塑造公司雇佣品牌。

③ 利用行业展会宣示公司品牌形象和经营实力同时，宣传公司技术人才引进政策。

④ 设计内部员工人才举荐奖励制度，鼓励员工利用社会关系发现人才、引进人才。

	物质资源							信息资源							能量资源					
产品	基础设施	生产设备	资金条件	技术基础	生产资料	人力资本	场地	工作计划	业务流程	网络	客情关系	培训活动	内报内刊	会议	供应链	经营历史	知名度	美誉度	运营机制	组织结构	人际关系	政府关系	经营效率
年度招聘计划			①			②								③							④		

HRM-01-01年度招聘计划操作单

目的：规范招聘管理，保障公司正常经营，保证人力资源合理配置。

任务概要：每年年底根据公司的业务发展需要，人力资源中心组织制订年度招聘计划，并进行招聘费用预算。

步骤	要点	
制订年度招聘计划	节点说明	
	E2 每年底集团人事经理根据企业战略报告发出开展下年度招聘计划的通知。	
	C2 各用人单位（分公司各部门）根据公司业务要求及本部门的业务需要，提出下一年度的人力供给/需求计划。	
	A3 分公司人事专员汇总各部门提交的年度人力供求计划。	
	B3 分公司人事部经理审核分公司人事专员提交的年度人力供给/需求计划。	
	D3 分公司总经理审核年度人力供给/需求计划。	
	E3 集团人事经理汇总制订全公司供/求计划及预算。	
	F3 集团人力资源总监审核全公司年度供/求计划及预算。	
	G3 总裁审批全公司年度供/求计划及预算。	
	A5 分公司人事专员根据审批的年度供/求计划制订详细的招聘计划，包括人员需求清单、招聘截止时间、招聘费用预算，具体招聘渠道，招聘日程表等。	
	B5 分公司人事经理审批招聘计划。	
	C5 用人单位确认详细的招聘计划及日程表。	
	E5 集团人事经理组织实施年度招聘计划/预算。	
	E6 形成年度招聘计划/预算，并发给各分公司总经理、人力资源总监、总裁备查。	
资源运用	①将80%资金预算用在20%紧缺人才招聘上，做好招聘费用预算表；	
	②将公司优秀员工晋升的故事图文并茂展示出来，塑造公司雇佣品牌；	
	③利用行业展会宣示公司品牌形象和经营实力同时，宣传公司技术人才引进政策；	
	④设计内部员工人才举荐奖励制度，鼓励员工利用社会关系发现人才、引进人才。	

03

目标达成与胜任能力

如何设计《绩效目标达成行动手册》

绩效行动手册中的"五个一"工程

"五个一"工程：1图+1案+1单+1表+1书

图	案	单	表	书
绩效路径图	绩效考核方案	行动策略清单	资源使用表	工作说明书
绩效指标落位及行动策略分析。	每个KPI关键绩效对应的目标值、权重分和考核方法的呈现。	盘点协同能力、胜任能力和创新能力的项目。	每项工作职责对照资源使用的过程分析。	每项工作开展的依据、权责和工作成果的描述。

注解：某公司总经理《工作说明书》的体例

文件编号	ZB3-2001	版本	V0.0	执行时间		核准人	
一、职位基本情况							
部门：办公室 职位代理人：运营副总 1. 代理过该岗位工作 2. 重叠性工作较多 3. 该岗位对其日常教导较多				职位：总经理 可晋升到此岗位的职位：运营副总、技术总监、营销总监 可轮调此岗位的职位：_____ 此岗位可晋升的职位：董事长			
二、岗位使命							
对公司整体经营效益负责，保证经营目标的达成。							

> 岗位使命：用一句话表达岗位存在的价值。

> 职位基本情况：交代该职位所属部门、职位名称、职位代理人和可升迁的职位。

（续表）

三、组织架构（表述你与上级、同级及部属的结构关系）：

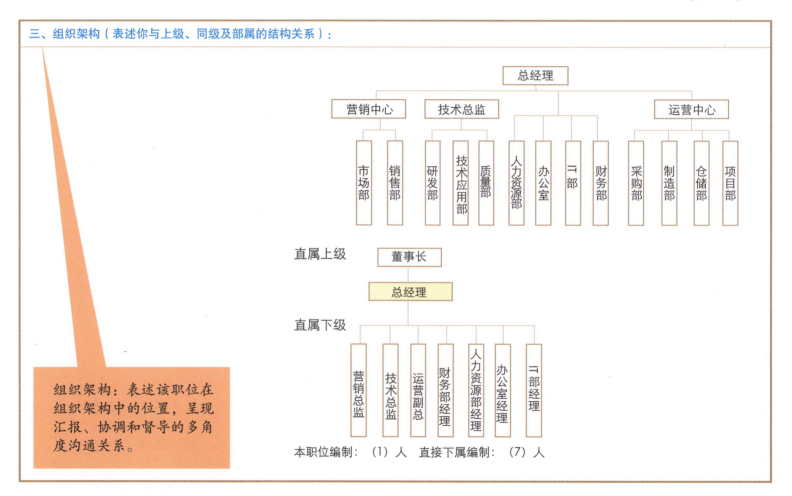

组织架构：表述该职位在组织架构中的位置，呈现汇报、协调和督导的多角度沟通关系。

本职位编制：（1）人　直接下属编制：（7）人

四、该职位的任职资格						
个人要求	年龄	35岁以上	性别	男女不限	健康状况	优良
专业背景	经济管理类、机械制造类、市场营销类、财务管理类					
相关经验	从事过液压设计、市场营销、制造管理、工艺实践等各项工作8年以上					
技能要求	职能能力：1.战略规划能力；2.经营计划制订能力；3.市场营销管理能力；4.技术研发管理能力；5.生产运作管理能力；6.供应链管理能力；7.财务与投资的管理能力；8.人才管理与团队统御能力；9.企业文化的创建能力 通用管理能力：1.目标与标准设定；2.计划与工作安排；3.时间管理与排序；4.倾听与组织信息；5.给予明确的信息；6.获得正确的信息；7.行为规范与辅导；8.部属授权在职培训；9.绩效考核与面谈；10.信息思考与分析；11.问题解决与决策；12.风险衡量与评估					
知识度	液压传动知识、制造工艺知识、国家政策法规、公关谈判知识、人际交往知识、财务知识、采购知识、公司治理结构知识、投资融资知识、人力资源管理知识、战略管理知识、文化建设知识					
资格证书	MBA或EMBA					
态度	1.强烈的企图心；2.敬业爱岗；3.激情；4.抗压能力；5.公正、公平、客观；6.社会责任感；7.积极乐观；8.亲和力；9.胸怀远大					

任职资格：表述能胜任该职位的资格要求，包括经验、技能、知识和态度，有些岗位需要取得资格证书。任职资格不是对现有担任该岗位的人的描述。

工作内容： 把工作中对应的职责或能力项目进行动作分解。

工作依据： 每项工作的开展都要有根据：会议决议、制度规定、流程或法规等。

权责： 在这项工作开展中，当事人负责任的程度表述。

工作成果： 定义工作中的产出，界定工作成果提交的对象。

五、操作说明书

项目	工作内容	工作依据	权责	时限	工作成果	
					工作成果	呈送单位
战略规划	1.组织年度战略规划研讨会，制定中长期战略规划，确定企业发展的愿景、目标和价值观，研拟产品战略、市场战略、人才战略、供应链战略、成本战略、质量战略等职能战略。	董事会决议 公司治理结构（公司章程） 战略规划流程	规划	年度	《公司中长期战略规划》手册 《赢利模式规划纲要》 《公司基本法》相关章节	董事会
	2.主持战略质询会，检讨战略执行中的得与失，提出调整方向和新的举措。	《公司中长期战略规划》手册 《赢利模式规划纲要》	拟定	半年	《战略调整方案》	董事会
	3.建立全面安全管理体系，确保企业的经营安全、可靠、稳定。	国家政策法规公司基本法	拟定 督导 规划 决策	日常	《安全管理手册》	——

任务管理中的责任分解

任务管理中的8大责任

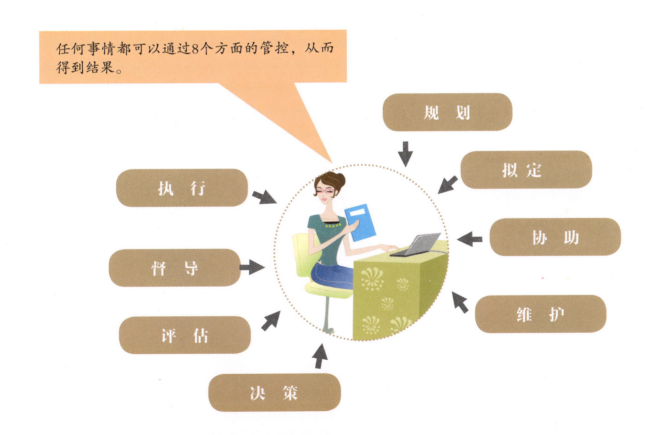

任何事情都可以通过8个方面的管控，从而得到结果。

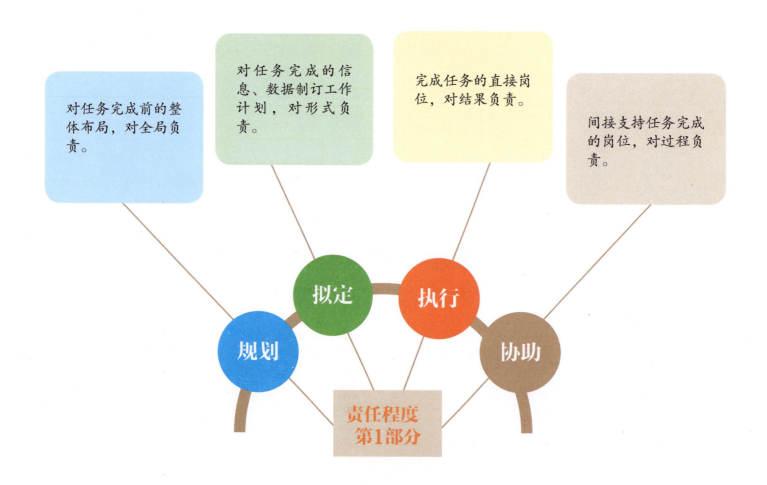

| 03 | 目标达成与胜任能力 |

对任务完成的进度、异常处理进行掌控，对进度负责。

完成任务时从制度方面规范执行者行为，对规则负责。

对任务完成的结果进行评估，对质量负责。

对任务完成结果进行选择、衡量及拍板，对风险负责。

- 督导
- 维护
- 评估
- 决策

责任程度 第2部分

行动手册明确了目标达成的标准

标准是我们在质量、数量和价值方面所期望获得的最低业绩水平。

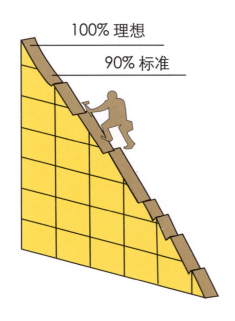

> 标准必须被写下来，得到传达和强化。（绩效法则四）
>
> 写你应做，做你所写，记你所做。（绩效法则五）

绩效目标达成需要什么样的能力

什么是胜任能力

为了方便企业各岗位建立《工作说明书》，对胜任能力有很好的把握，本书把"核心管理胜任能力"和"职能胜任能力"做了全面系统的盘点。

核心管理胜任能力定义

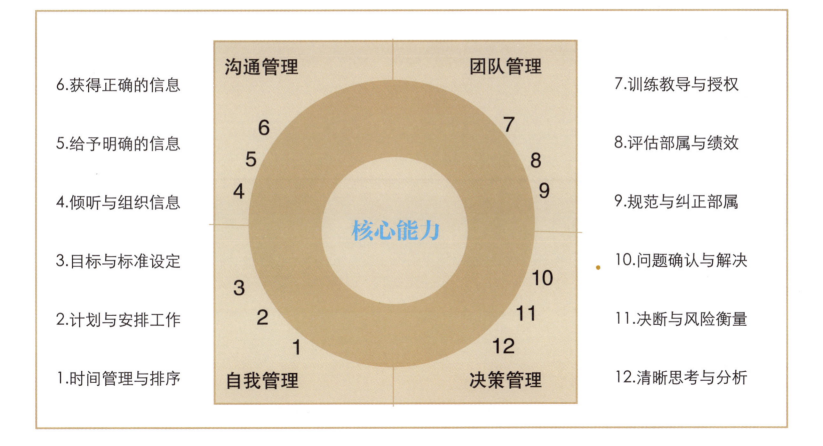

核心胜任能力的含义

自我管理能力	
1.时间管理与排序	能够管理自己和他人的时间。其中包括以下技能：协调工作次序；自律；避免影响正常工作进度的不必要干扰；掌握时间的效率及效能。
2.计划与安排工作	能够运用管理工具和技术处理专案和工作程序。其中包括的技能：将复杂的任务简化为易于管理的小单位；选择及管理达成任务所需的资源；应用系统及技术做工作计划与排程；设定查检点以监控进度。
3.目标与标准设定	能够运用可衡量的目标和标准促进他人的参与和承诺，据以管理日常工作和专案。其中包括以下技能：区分希望、活动及工作目标；减少目标设定过程中的障碍；设定标准以评估目标是否达成；运用目标激励他人。

沟通管理能力	
4.倾听与组织信息	能够了解、组织和分析所听到的资讯然后决定如何回应。其中包括以下技能：确认并验证"推论"和"假设"的正确性；克服有效倾听的障碍；摘要并重组信息以帮助记忆；先保留判断，避免先入为主的成见及回应。
5.给予明确的信息	能够在评估情况、决定沟通目的之后，给予对方清晰、明确、有条理及具说服力的信息。其中包括以下技能：克服环境、情绪及语音上的沟通障碍；掌握重点避免离题；有效运用说服力；维持互惠及互信的沟通气氛。
6.获得正确的信息	能够运用询问、探索及面谈的技巧，获得正确的信息并适当加以诠释。其中包括以下技能：有效使用直接、间接及反转式的问题；运用"漏斗式"的问话技巧；探索以汇集更多资讯；察觉话中明显及隐藏的含义；确认自己的了解与对方的意思一致。

| 03 | 目标达成与胜任能力 |

团队管理能力

7. 训练教导与授权　　能够提升人员的能力。其中包括以下技能：知人善任；建立对行动计划的共识，传达信息时注意说与听之间的平衡；给部属负责的机会；给予适当的回馈和肯定。

8. 评估部属与绩效　　能够和部属做建设性的绩效评估，包含过去的表现，并与部属共同议定达成未来目标的具体计划；能够适时并且持续地给予部属回馈。

9. 规范与纠正部属　　能够以正面的方式提供辅导的机会；纠正员工不当的行为而不损其自尊和彼此的信任；使员工接受并承担改善行为的责任；强化员工已改善的表现；对久未改善的行为采取适当的措施。

决策管理能力

10. 问题确认与解决　　能够确认妨碍标准与目标达成的障碍，有系统地减少问题或消除问题的根源，其中包括以下技能：分辨"问题"和"征兆"之间的差别；收集并权衡引发问题的证据；采取最有效及最适当的行动。

11. 决断与风险衡量　　能够制定决策评估表以协助检验各项方案；能区分必要条件、理想条件和风险之间的差异；对各项方案予以加权；选择最符合目标和标准的方案。

12. 清晰思考与分析　　能够在决定之前，运用逻辑清楚地解释资讯并对情况做出判断。其中包括以下技能：澄清有效的前提并且获得合逻辑的结论；区分事实、推论和假设；有效运用归纳和演绎方法；认清在谬误或错误的前提下，或是证据不足的情况下所导出的结论。

各职位所需的胜任能力

职能胜任能力清单

销售部	客服部	生产部	研发部
人力资源部	培训部	财务部	行政部
市场部	质量部	企业文化部	采购部

销售部

职级	胜任能力
员工级	1. 订单处理能力； 2. 产品推广与促销能力； 3. 新客户开发能力； 4. 客情关系维护能力； 5. 面对面销售能力。
主管级	1. 销售人员管理与督导能力； 2. 产品销售预测与反馈能力； 3. 销售费用控制能力； 4. 经销商选择与激励能力； 5. 销售促进计划能力。
经理级	1. 销售目标制定与分析能力； 2. 价格体系制定与反馈能力； 3. 销售费用计划编制能力； 4. 经销商管理与辅导能力； 5. 产供销协调能力。

客服部

职级	胜任能力
员工级	1. 客户名簿整理能力； 1. 电话沟通能力； 2. 消费者投诉处理能力； 3. 客户满意服务能力； 4. 再次销售机会塑造能力。
主管级	1. 客户分级管理能力； 2. 问题客户处理能力； 3. 现场处理售后服务能力； 4. 无良客户处理能力； 5. 重点客户回访能力。
经理级	1. 客户服务手册编制能力； 2. 客户提案意见处理能力； 3. 客户满意度调整规范能力； 4. 产品知名度提升能力； 5. 客户回访制度编制能力。

注：经理级胜任能力包含主管级和员工级的胜任能力；主管级胜任能力包含员工级胜任能力。

生产部

职级	胜任能力
员工级	1. 技术图纸管理能力； 2. 机器设备管理能力； 3. 工艺流程掌握能力； 4. 工装夹具使用能力； 5. 生产安全防范能力。
主管级	1. 产能预估评测能力； 2. 物料速度控制能力； 3. 生产任务安排能力； 4. 制作进度看板能力； 5. 设备异常处理能力。
经理级	1. 生产效率管理能力； 2. 制程质量控制能力； 3. 新产品试制鉴定能力； 4. 标准工时制定能力； 5. 生产现场调度能力。

研发部

职级	胜任能力
员工级	1. 系统原理图绘制能力； 2. 产品零件明细表编制能力； 3. 样品试制与鉴定能力； 4. 技术资料管理能力； 5. 工艺流程与作业基准审定能力。
主管级	1. 产品工艺方案编制能力； 2. 质量事故处理能力； 3. 产品技术转化和制造技术能力； 4. 新产品技术任务书编制能力； 5. 产品技术规范的制定能力。
经理级	1. 产品研发方向的概念思考能力； 2. 产品研发计划的预算能力； 3. 技术可行性研究与评定能力； 4. 新产品评审组织能力； 5. 新产品试制鉴定能力。

注：经理级胜任能力包含主管级和员工级的胜任能力；主管级胜任能力包含员工级胜任能力。

人力资源部

职级	胜任能力
员工级	1. 人员出勤管理统计能力； 2. 招聘面谈组织能力； 3. 绩效数据统计能力； 4. 薪酬福利发放执行能力； 5. 人事安排与异动执行能力。
主管级	1. 工作分析与设计能力； 2. 人才招聘与面谈能力； 3. 教育训练规划与执行能力； 4. 薪酬与福利设计能力； 5. 目标管理与绩效考核能力。
经理级	1. 组织发展与人力资源规划能力； 2. 人力资源体系建立能力； 3. 工作评估系统建设能力； 4. 学习型组织建设能力； 5. 员工职业发展规划能力。

培训部

职级	胜任能力
员工级	1. 训前学员要求调查执行能力； 2. 学员出勤管理制度执行能力； 3. 会场布置能力； 4. 教务管理能力； 5. 训后学员跟踪制度执行能力。
主管级	1. 培训要求调查组织能力； 2. 讲师选定与主题厘定能力； 3. 课堂组织与培训执行检查能力； 4. 学员学习效果跟踪能力； 5. 培训预算编制能力。
经理级	1. 年度培训规划能力； 2. 讲师队伍培养与管理能力； 3. 胜任能力模型规划能力； 4. 培训投资回报分析能力； 5. 学以致用的督导能力。

注：经理级胜任能力包含主管级和员工级的胜任能力；主管级胜任能力包含员工级胜任能力。

财务部

职级	胜任能力
员工级	1. 应收账款对账能力； 2. 应收账款管理能力； 3. 日报表编制能力； 4. 资金结算能力； 5. 原始凭证编制能力。
主管级	1. 财务预算制度执行能力； 2. 问题账款管理能力； 3. 费用开支核定能力； 4. 财务内控制度执行能力； 5. 财务稽核控制能力。
经理级	1. 财务年度综合计划编制能力； 2. 预算制度执行能力； 3. 预决算编制的分析能力； 4. 经营状况分析与建设能力； 5. 鼓励政策制定能力。

行政部

职级	胜任能力
员工级	1. 事务处理执行能力； 2. 办公自动化维护能力； 3. 商务礼仪的维护能力； 4. 跨部门沟通的协调能力； 5. 服务领导的协助能力。
主管级	1. 规章制度的制定能力； 2. 贯彻执行的督导能力； 3. 外联工作的公关能力； 4. 员工关系的维护能力； 5. 总务后勤的组织能力。
经理级	1. 公司运营的协调能力； 2. 流程管理的优化能力； 3. 成本管理的控制能力； 4. 问题分析的解决能力； 5. 危机防范与处理能力。

注：经理级胜任能力包含主管级和员工级的胜任能力；主管级胜任能力包含员工级胜任能力。

市场部

职级	胜任能力
员工级	1. 消费心理学应用能力； 2. 竞争品市调执行能力； 3. 区域市场督导能力； 4. 品牌形象维护能力； 5. 宣传活动的组织能力。
主管级	1. 市场调查分析能力； 2. 广告策划规划能力； 3. 品牌策划书撰写能力； 4. 督促活动组织能力； 5. 渠道开发与维护能力。
经理级	1. 产品战略规划能力； 2. 市场定位分析能力； 3. 价格体系决策能力； 4. 广告投放决策能力； 5. 销售渠道设计能力。

质量部

职级	胜任能力
员工级	1. ISO质量体系推广能力； 2. 物价检验操作能力； 3. 在制品质量控制能力； 4. 5S活动推广能力； 5. 外观检测报告的提交能力。
主管级	1. 品质异常纠正能力； 2. 外协工厂评估能力； 3. 质量投诉处理能力； 4. 处理与物性检测能力； 5. 质量标准完善能力。
经理级	1. 质量方针制定能力； 2. 质量手册编制能力； 3. 内审员担当能力； 4. 质量事故界定与处理能力； 5. 接单前品质控制的评审能力。

注：经理级胜任能力包含主管级和员工级的胜任能力；主管级胜任能力包含员工级胜任能力。

企业文化部

职级	胜任能力
员工级	1. 员工手册的推行能力； 2. 行为准则示范能力； 3. 企业内部赛事的组织能力； 4. 宣传品的编辑与出版能力； 5. 互联网平台宣传应用能力。
主管级	1. 员工意见调查的组织能力； 2. 企业文化活动的组织能力； 3. 企业形象的宣传推广能力； 4. 品牌形象策划能力； 5. 问卷调查的组织与设计能力。
经理级	1. 企业价值观的提炼能力； 2. 企业文化塑建活动的策划能力； 3. 企业家品牌的推广能力； 4. 企业成长史总结与运用能力； 5. 企业愿景塑建能力。

采购部

职级	胜任能力
员工级	1. 物料请购作业能力； 2. 物料采购询价能力； 3. 物流规划能力； 4. 进行质量检测能力； 5. 供应商跟单能力。
主管级	1. 进料合格判定能力； 2. 退货品处理能力； 3. 价格构成分析能力； 4. 退货标准评定能力； 5. 供销合同签订能力。
经理级	1. 供应商评鉴能力； 2. 采购成本控制能力； 3. 委外加工规划能力； 4. 供求计划可衡能力； 5. 资金周转率优化能力。

注：经理级胜任能力包含主管级和员工级的胜任能力；主管级胜任能力包含员工级胜任能力。

04

《总经理绩效目标达成行动手册》
设计（范例）

《总经理绩效目标达成行动手册》的重要提示

《总经理绩效目标达成行动手册》架构

总经理绩效目标达成行动手册 {
- 总经理绩效路径图
- 总经理绩效考核方案
- 总经理行动策略盘点表
- 战略规划操作说明书
- 经营计划操作说明书
- 企业文化建设操作说明书
- 市场营销管理操作说明书
- 技术研发管理操作说明书
- 生产运作管理操作说明书
- 供应链管理操作说明书
- 财务与投资管理操作说明书
- 人才管理操作说明书
- 标准成本体系建立操作说明书
- 竞争定位设计操作说明书

重要提示

将相有误，累死三军。企业整体绩效的完成，总经理是龙头。"绩效100工程"号召以100%的行动，求100%的结果，建立以绩效为驱动的经营管理模式，是一个落地的系统解决方案。我们围绕经营目标寻找行动策略，选择了总经理这一岗位，编制了这本《总经理绩效目标达成行动手册》。

公司的绩效目标是自上而下进行分解的，同理，达成目标的行动策略也是根据总经理行动手册里的内容逐层分解和落实的。某种意义上来说，这本《总经理绩效目标达成行动手册》是全体员工的行动总纲要。企业所有的事情，都是为了一件事，那就是达成经营目标。各职能部门领导和各岗位员工达成绩效目标的行动策略，都应该以本手册为依据。高层管理者的行动策略站得高、望得远；中层则应该按照职能分工，具体执行这些行动策略；基层则是策略实施的担当者。毫无疑问，这本手册为各岗位制定自己的《绩效目标达成行动手册》提供了一个很好的蓝本。

由于本手册是以一家企业总经理为例而设计的，望学习者根据自己企业的行业特征和企业规模，在参考借鉴的基础上合理利用本手册。

| 04 |《总经理绩效目标达成行动手册》设计(范例)|

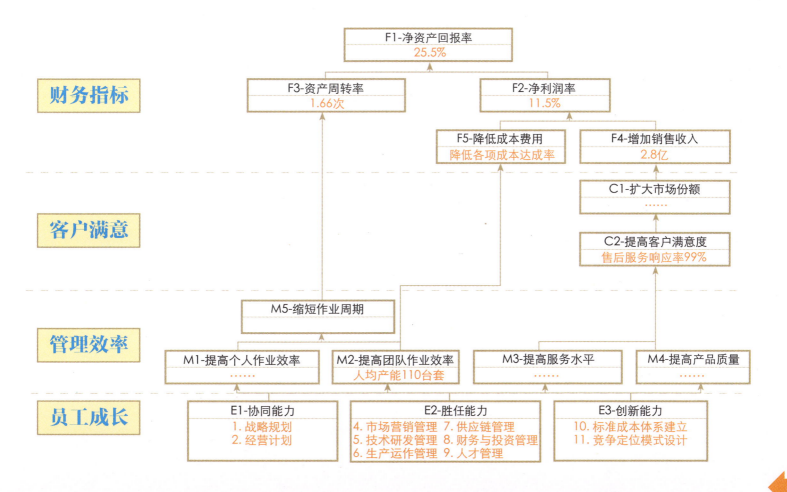

总经理年度绩效考核方案

KPI关键绩效指标	目标值	权重（分）	考核方法	完成值	数据提供
净资产回报率	25.5%	25	达标率量化		审计报告
净利润率	11.5%	20	顺向标准差量化		审计报告
总资产周转率	1.66次	20	顺向标准差量化		审计报告
主营营业收入	28000万	25	达标率量化		财务报告
降低成本项目达成率	95%	15	逆向标准差量化		财务报告
人均产能	110台套	15	达标率量化		入库统计
售后服务响应率	99%	10	达标率量化		售后服务档案

总经理行动策略清单

协同能力
①战略规划
②经营计划
③企业文化建设

胜任能力
④市场营销管理
⑤技术研发管理
⑥生产运作管理
⑦供应链管理
⑧财务与投资管理
⑨人才管理

创新能力
⑩标准成本体系建立
⑪竞争定位模式设计

总经理工作规划操作详解

战略规划操作详解

战略规划操作说明书

项目	工作内容	工作依据	权责	时限	工作成果	
					工作成果	呈送单位
协同能力	1.组织年度战略规划研讨会，制定中长期战略规划，确定企业发展的愿景、目标和价值观，研拟产品战略、市场战略、人才战略、供应链战略、成本战略、质量战略等职能战略。	董事会决议 公司治理结构（公司章程） 战略规划流程	规划	年度	《公司中长期战略规划》手册 《赢利模式规划纲要》 《公司基本法》相关章节	董事会
	2.主持战略质询会，检讨战略执行中的得与失，提出调整方向和新的举措。	《公司中长期战略规划》手册 《赢利模式规划纲要》	拟定	半年	《战略调整方案》	董事会
	3.建立全面安全管理体系，确保企业的经营安全、可靠、稳定。	国家政策法规 《公司基本法》	拟定 督导 规划 决策	日常	《安全管理手册》	——

战略规划资源使用表

工作事项	物质资源							信息资源							能量资源					
	产品	基础设施	生产设备	资金条件	技术基础	生产资料	人力资本	场地	工作计划	业务流程	网络	客情关系	培训活动	内报内刊	会议	供应链	经营历史	知名度	美誉度	运营机制	组织结构	人际关系	政府关系	经营效率
战略规划				(3)	(3)		(4)(8)		(6)	(5)			(8)							(4)	(1)	(4)	(2)	(3)(6)(7)

战略规划资源使用操作说明书

（1）根据公司组织结构的层级特征，自上而下和自下而上两个轮回，提出公司的社会使命、长远的发展目标，由董事会决定公司的使命和愿景。
（2）巩固和加强政府关系，密切关注国家政策法规，分析形势，了解不确定的因素。
（3）根据资金条件、技术基础和经营效率等条件，选择业务范围，决定投资、收购和规模扩张的战略立场。
（4）结合公司人力资本、运营机制和人际关系的评价，确定公司的优势来源。
（5）根据主要业务流程，设计价值实现系统。
（6）根据工作计划和经营效率，列出增长阶梯。
（7）提高公司经营效率，设定财务增长目标。
（8）通过组织培训活动，充分释放人力资本力量，通过研讨和分析，制订实施计划。

战略规划模型

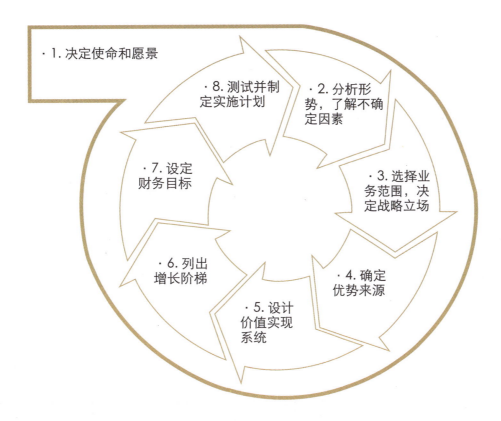

经营计划操作详解

经营计划操作说明书

项目	工作内容	工作依据	权责	时限	工作成果	
					工作成果	呈送单位
协同能力	1.根据战略规划中的年度规划，结合上一年的经营状况，用滚动目标计划原理提出新一年的各项经营计划指标。	年度经营计划制订流程《公司中长期战略规划》手册（该年度战略分解部分）	执行	年度	《年度经营计划》	——
	2.组织部门负责人围绕目标达成制订每个部门的业务计划。	《年度经营计划》年度经营计划制订流程	拟定 督导 评估 决策 维护	年度	《部门年度业务计划》	——
	3.主持总经理办公会议，召开每季度经营计划偏差分析会，寻找差距，分析问题，及时提出解决方案，充分利用和调配公司资源，确保公司阶段性目标的完成。	《年度经营计划》经营计划偏差分析会	规划 督导 决策	季度	《季度经营计划调整方案》	——
	4.责成财务部门制定全面预算管理制度和预算计划编制，严格督导各部门执行预算，并把预算纳入公司目标体系。	《年度经营计划》《会计准则》	规划 督导 维护 决策	年度	《公司全面预算计划编制》	——

经营计划资源使用表

工作事项	物质资源							信息资源							能量资源						
	产品	基础设施	生产设备	资金条件	技术基础	生产资料	人力资本	场地	工作计划	业务流程	网络	客情关系	培训活动	内报内刊	会议	供应链	经营历史	知名度	美誉度	运营机制	组织结构	人际关系	政府关系	经营效率
经营计划	(3)	(3)	(3)	(3)	(3)	(3)	(3)	(3)	(3)(4)	(3)	(3)	(3)	(1)(3)	(3)	(3)	(3)	(3)	(3)	(3)	(2)(3)	(3)	(3)	(3)	(3)

经营计划资源使用操作说明书

（1）每年10月份组织培训活动，按照"绩效100工程"的"经营目标体系模型"，层层建立经营目标体系。

（2）体现"责、权、利"统一的运营机制，组织职能部门负责人和经营单位负责人与总经理签订《年度目标管理与绩效考核责任书》。

（3）督导各管理层运用物质、信息和能量资源，结合"绩效100工程"的"绩效路径图"，拟定达成年度经营计划的行动策略。

（4）制订工作计划，把新一年年度经营计划中的10个步骤落实到最后一个季度工作中。

年度业务计划的制订可以分为四个阶段，即战略框架及内外部分析、基本策略、具体业务计划和业务计划审核。

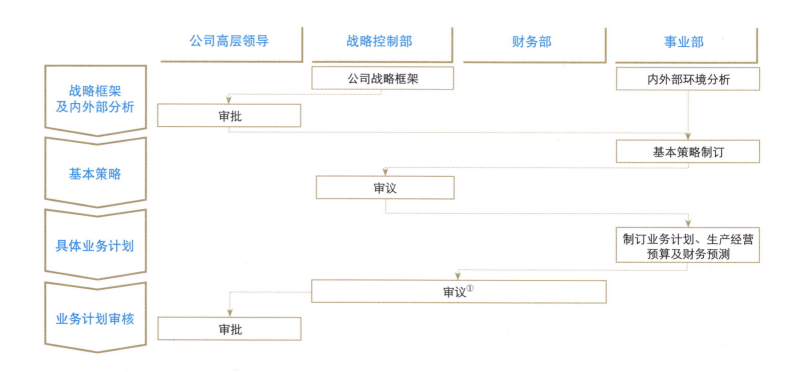

① 战略控制部主要进行业务计划审议，财务部主要进行生产经营预算及财务预测审议。

在年度业务计划制订过程中,各参与部门有着不同的职责分工,但计划制订的主体是各事业部。

年度业务计划的制订与完善一般需要三个月的时间。

工作内容		月	九月				十月				十一月			
		周	1	2	3	4	1	2	3	4	1	2	3	4
战略框架及内外部分析	1. 战略框架制定		▬	▬										
	2. 战略框架审批				▬									
	3. 内外部环境分析		▬	▬	▬	▬								
基本策略	4. 基本策略制定					▬								
	5. 基本策略审议					▬								
具体业务计划	6. 业务计划						▬	▬	▬					
	7. 生产经营预算							▬	▬					
	8. 财务预测									▬				
业务计划审核	9. 业务计划审议										▬	▬		
	10. 业务计划审批①												▬	

① 业务计划审批一般可以放在月度经营会议上进行。

企业文化建设操作详解

企业文化建设操作说明书

项目	工作内容	工作依据	权责	时限	工作成果	
					工作成果	呈送单位
协同能力	1.宣传观测公司经营理念，从说文化到做文化，让主流员工做人的态度和做事的标准保持高度一致的认同。	《公司基本法》	督导	日常	——	——
	2.带头尊崇"令行禁止"的契约精神，推行"凡是正式决定都是对的"服从理念。	《公司基本法》	督导	日常	——	——
	3.建立"学习型"组织，推广工作中的管理工具、方法，建立共同的管理"语言"。	《公司基本法》 员工培训流程	督导	日常	学习心得和分享 培训评估	——
	4.策划公司型"对对碰"活动，通过每个人轮流主持，集体参与，营造良好的欢乐气氛，消除员工之间的隔阂，增加团队精神。	"对对碰"活动策划安排	督导	每周	——	——

企业文化建设资源使用表

工作事项	物质资源								信息资源								能量资源							
	产品	基础设施	生产设备	资金条件	技术基础	生产资料	人力资本	场地	工作计划	业务流程	网络	客情关系	培训活动	内报内刊	会议	供应链	经营历史	知名度	美誉度	运营机制	组织结构	人际关系	政府关系	经营效率
企业文化								(2)			(2)	(2)		(2)						(2)	(1)	(2)		(2)

企业文化建设资源使用操作说明书

（1）根据公司组织结构中职能部门的定位，指示综合办公室和工会，按照企业文化建设方法逐步开展工作。

（2）在经营场地和网络、内部报刊上广泛体现本企业文化的物质层面；在客情关系和人际关系方面传递本企业文化的精神层面；在运营机制和经营效率方面释放企业文化的制度层面。

企业文化的作用机制

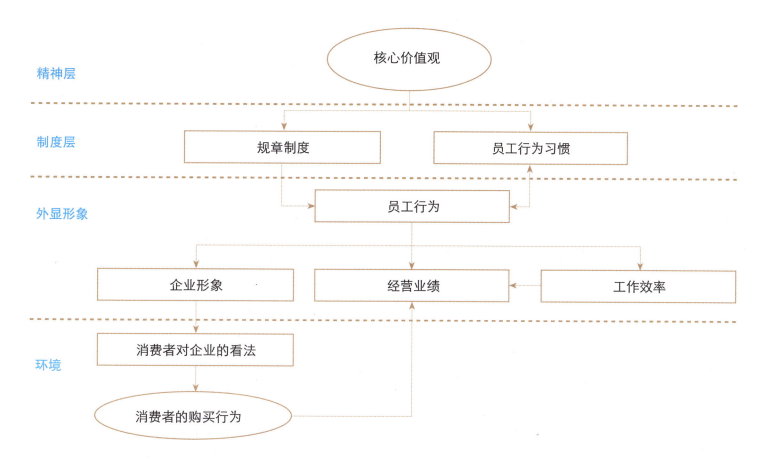

企业文化的核心层次——精神层，应包括六个主要方面的内容。

```
                        ┌──────────────────┐
                        │   企业文化精神层  │
                        └──────────────────┘
   ┌────────┬──────────┬─────────┼─────────┬──────────┬────────┐
┌──────┐ ┌──────┐ ┌──────┐ ┌──────┐ ┌──────┐ ┌──────┐
│企业目标│ │企业哲学│ │企业精神│ │企业风气│ │企业宗旨│ │企业道德│
└──────┘ └──────┘ └──────┘ └──────┘ └──────┘ └──────┘
```

企业目标
- 公司员工的共同追求；
- 公司全体员工凝聚力的焦点；
- 对员工进行考核和实施培训的主要依据；
- 企业文化建设的出发点和归宿。

企业哲学
- 高层管理者为实现目标在生产经营活动中坚持的基本信念；
- 处理生产经营过程中发生的问题的基本指导思想和依据；
- 受领导者思想方法、政策水平、科学素质、时间经验、工作作风及性格等主观因素影响。

企业精神
- 对现有观念意识、传统习惯、行为方式中的积极因素进行总结、提炼及倡导。

企业风气
- 员工在生产经营活动中逐步形成的普遍性的、重复出现且相对稳定的行为心理状态；
- 员工的思想作风、传统习惯、工作方式、生活方式等的综合反映。

企业宗旨
- 存在的价值及其对社会的承诺；
- 对内，保证自身生存和发展，使员工得到基本生活保障并不断改善，帮助员工实现人生价值；
- 对外，要为消费者提供合格产品和优质服务，满足消费者需要。

企业道德
- 内部调整员工与员工、部门与部门、员工与团队、员工与社会之间关系的行为准则。

企业文化的中间层次——制度层，应包括三个方面的内容。

- 一般制度
  - 日常工作制度、管理制度和各种责任制度，包括：
    - 计划制度；
    - 人力资源管理制度；
    - 生产管理制度；
    - 技术工作及技术管理制度；
    - 设备管理制度；
    - 物资供应管理制度；
    - 产品销售管理制度；
    - 财务管理制度；
    - 奖励惩罚制度等。

- 特殊制度
  - 一些非程序化的制度，包括：
    - 员工评议管理者制度；
    - 总结表彰会制度；
    - 平等对话制度；
    - 企业成立庆典制度等。
  - 做为一般制度的必要补充，属于特色化的企业文化内容。

- 企业风俗
  - 长期沿袭、约定俗成的典礼、仪式、行为习惯、节日、活动等，包括：
    - 歌咏比赛；
    - 体育比赛；
    - 集体婚礼等。
  - 依靠公司员工习惯、偏好发起、建立和维持。

企业文化的外在表现形式——物质层，应包括多方面的物质形式。

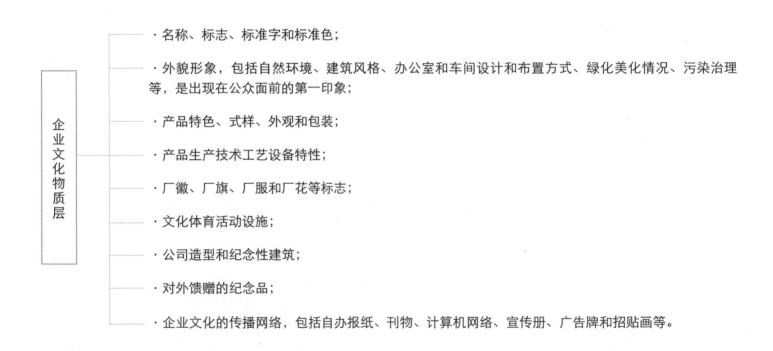

企业文化物质层
- 名称、标志、标准字和标准色；
- 外貌形象，包括自然环境、建筑风格、办公室和车间设计和布置方式、绿化美化情况、污染治理等，是出现在公众面前的第一印象；
- 产品特色、式样、外观和包装；
- 产品生产技术工艺设备特性；
- 厂徽、厂旗、厂服和厂花等标志；
- 文化体育活动设施；
- 公司造型和纪念性建筑；
- 对外馈赠的纪念品；
- 企业文化的传播网络，包括自办报纸、刊物、计算机网络、宣传册、广告牌和招贴画等。

依据企业文化三个层次的划分，同步建立的企业文化，总经理将明确精神层及制度层建设的内容。

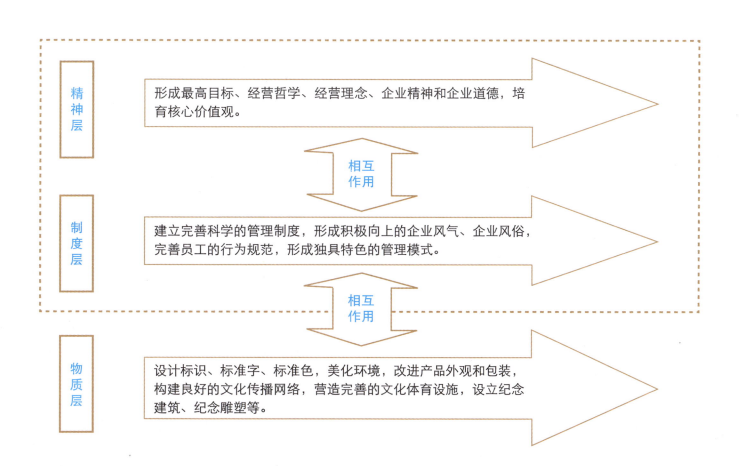

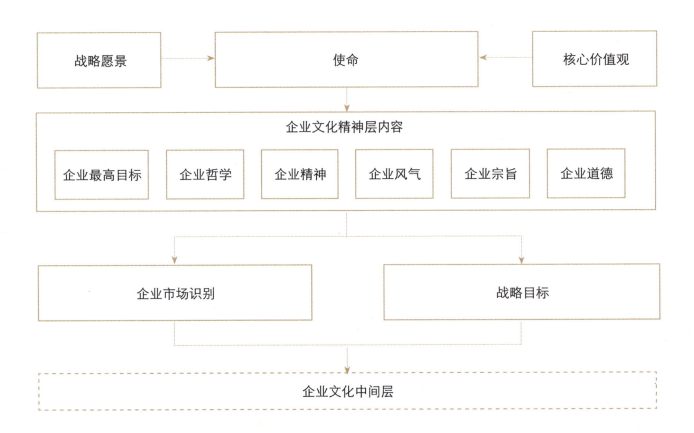

企业文化核心层建设涉及的概念和原理

战略愿景	核心价值观	使命	市场识别	战略目标
我们渴望成为什么样的企业？ · 采取何种性质的举措（改变，成为或创造）； · 服务对象； · 向市场提供何种产品或服务； · 目标是什么，能否通过加倍的努力得到实现； · 具有启发性，而不是量化指标。	我们在追求目标时遵循何种准则？ · 文化——希望拥有什么样的企业文化； · 人员——怎样对待员工； · 道德——遵循什么样的道德标准； · 质量——质量准则是什么； · 服务——希望为客户提供何种层次的服务。	我们处在哪一行业？谁是我们的客户？ · 对企业行为，产品和所服务市场的简洁的、事实性的描述： - 市场需求； - 企业价值； - 竞争优势。	我们怎样把自己和竞争对手区分开？ · 标识：希望以什么样的形象被市场认知； · 公司：在市场中的整体形象如何； · 产品：什么因素导致客户钟情于我们的产品； · 服务：为客户提供何种服务，使我们有别于竞争对手。	我们希望得到什么样的具体结果？ · 利润目标； · 发展目标； · 市场目标； · 社会目标。

企业文化中间层建设的主要内容

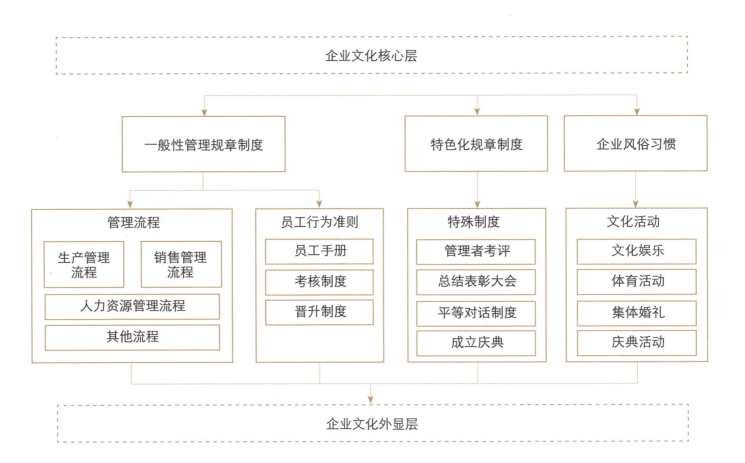

企业文化物质层建设的主要内容

企业文化物质层
- 名称、标志、标准字和标准色；
- 外貌形象，包括自然环境、建筑风格、办公室和车间设计与布置方式、绿化美化情况、污染治理等，是出现在公众面前的第一印象；
- 产品特色、式样、外观和包装；
- 产品生产技术工艺设备特性；
- 厂徽、厂旗、厂服和厂花等标志；
- 文化体育活动设施；
- 公司造型和纪念性建筑；
- 对外馈赠的纪念品；
- 企业文化的传播网络，包括自办报纸、刊物、计算机网络、宣传册、广告牌和招贴画等。

市场营销管理操作详解

市场营销管理操作说明书

项目	工作内容	工作依据	权责	时限	工作成果	呈送单位
					工作成果	
胜任能力	1.根据工业品的品牌规划要求，提炼VI（视觉识别）、MI（理念识别）、BI（行为识别），形成全面的品牌形象（CIS）。	《赢利模式规划纲要》《年度经营计划》	规划	日常	《CIS设计方案》《销售管理手册》部分章节	——
	2.组织行业、竞品、客户和竞争对手的调查研究工作，结合自身资源和能力，制定有竞争力的市场开拓方案。	《年度经营计划》《部门年度业务计划-市场部》	规划	日常	《市场调查分析报》《产品质量调查报》	——
	3.根据区域市场的容量和市场份额，规划出成熟区域、成长区域、饱和区域和维护区域，合理安置人员，配备不同资源，制定不同的销售政策。	《市场调查分析报告》《销售报表》《全国经济协作区区划》	规划决策	日常	《区域规划方案》《销售管理手册》部分章节	——
	4.根据品牌定位，结合市场竞争态势，制定合理的价格区段，确保销售增长和利润增长的平衡。	《市场调查分析报告》《公司全面预算计划》《销售管理手册》	规划维护决策	日常	《销售价格表》《销售管理手》——折扣及促销规定	——
	5.销售目标的合理分配与责任落实，基于滚动式目标计划原理，制定月度销售任务的滚动机制。	《年度经营计划》《销售管理手册》《区域规划方案》	督导维护决策	日常	《销售计划》《绩效考核方》——销售目标值	——
	6.用公司愿景目标和自己胸怀远大的格局吸引销售人才，打造销售队伍的战斗力。	《公司中长期战略规划》《销售管理手册》《人力资源规划方案》	规划	日常	激励演讲 总经理示范带头	——
	7.制定客户服务政策，创造独到的客户价值，在销售与技术服务环节当中，叠加满足用户的性能稳定、交期准确、运输便利、响应及时、结算方便、业务增值的需求。	《年度经营计划》《CIS设计方案》《销售管理手册》	规划	日常	《客户价值手册》	——

市场营销管理资源使用表

工作事项	物质资源							信息资源							能量资源						
	产品	基础设施	生产设备	资金条件	技术基础	生产资料	人力资本	场地	工作计划	业务流程	网络	客情关系	培训活动	内报内刊	会议	供应链	经营历史	知名度	美誉度	运营机制	组织结构	人际关系	政府关系	经营效率
研发管理		(1)										(3)				(2)								

市场营销管理资源使用操作说明书

（1）充分利用CRM基础设施功能，建立客户管理系统。通过积累用户相关信息，建立数据库，了解用户需求，防止用户流失。

（2）延伸供应链的价值，完善营销服务系统。服务是伴随产品提供给用户的附加价值。在质量和价格不相上下的情况下，服务是争取新客户、留住老客户的不二武器。

（3）加强客情关系维护，及时收集与有效利用客户的外部信息。了解客户市场的行业动态，帮助客户在增加销售机会的同时做好产品供应。

营销与销售管理模式

1. 选择价值			2. 提供价值					3. 宣传价值		
了解消费者的需要	选择目标对象	确定价值组合	产品设计	采购/生产	销售	送货	定价	包装	广告	促销/公关

目标

- 制定具有竞争力的价值和价格定位。
- 通过有针对性的产品开发、销售和流通以及定价来交付这一价值。
- 清楚地宣传这一价值。

关键活动

- 系统地研究消费者；
- 按关键特点将消费者细分；
- 精心设计公司/产品对消费者的价值定位。

- 根据价值定位来设计/调整产品和生产加工程序；
- 管理销售队伍、分支机构及分销商，重点集中于优先性最高的活动；
- 给整个产品组合定价以获取最大的价值。

- 管理产品包装；
- 管理广告活动；
- 管理公关活动。

技术研发管理操作详解

技术研发管理操作说明书

项目	工作内容	工作依据	权责	时限	工作成果	呈送单位
胜任能力	1.组织产品研发技术规范，制定从信息收集、软件及工具使用、图纸绘制及技术资料管理，到研发过程管理的系列流程和标准。	《公司中长期战略规划》《年度经营计划》行业标准	督导	日常	产品开发流程《产品企业标准》《技术规范手册》	——
	2.根据研发战略，领导项目的可行性分析工作，充分调配公司技术和市场资源，对产品设想、产品概念、产品原型、最终产品和营销方案的全过程管理进行风险控制，增加产品竞争力。	《公司中长期战略规划》《年度经营计划》产品开发流程	决策	日常	《项目立项书》	——
	3.明确质量方针，规划质量目标。	《公司中长期战略规划》《年度经营计划》《部门年度业务计划》	规划	日常	《质量手册》《质量体系》	——
	4.运用项目应用中积累的经验，转化为客户服务环节，优化赢利模式。	《公司中长期战略规划》《年度经营计划》产品开发流程	规划 督导 决策 维护	日常	《技术规范手册》《客户价值手册》	——
	5.在销售技术服务中对整机的工况进行数据采集，建立参数模型，对新产品研发指导，凸显技术优势。	《公司中长期战略规划》《年度经营计划》产品开发流程	规划 督导 决策 维护	日常	《技术规范手册》《整机参数模型表》《产品企业标准》	——

技术研发管理资源使用表

工作事项	物质资源							信息资源							能量资源						
	产品	基础设施	生产设备	资金条件	技术基础	生产资料	人力资本	场地	工作计划	业务流程	网络	客情关系	培训活动	内报内刊	会议	供应链	经营历史	知名度	美誉度	运营机制	组织结构	人际关系	政府关系	经营效率
研发管理							(1)				(2)													

技术研发管理资源使用操作说明书

（1）采取较高工资与项目奖金相结合的薪酬方式，充分发挥技术研发人员作为 人力资本 的投资效应。技术研发人员的工资基本固定，奖金与开发项目的业绩挂钩。每年按新开发产品销售额的0.5%～1%作为工程技术中心年奖励基金，提取奖金1～3年不等（按开发项目的难易程度和市场价值来加以区分）；奖金分配数额按项目参与者的贡献大小确定。

（2）利用 网络 资源推进技术信息数据库运行。

①Internet：主要通过Internet在网上收集相关信息，与科研机构、高等院校、行业协会、专业杂志、专业信息服务中心等专业部门或单位建立长期的信息沟通和交流关系，以E-Mail配合FAX/Phone进行快速信息处理；同时与代理商建立网上信息沟通关系。

②EDI：EDI是商务信息和数据传输系统。主要与供应商就技术标准、加工工艺标准或产品加工条件等方面，按照双方约定的方式进行信息传输。

③内部局域网：通过内部局域网实现内部信息共享，以便充分利用销售部反馈的市场需求信息、采购部反馈的供应市场信息、财务部反馈的资金调度使用计划等内部信息资源。

研发过程管理

```
              总经理
                │
                ├──────── 总经理办公会议
                │
            技术中心总监
                │
                │
             项目组长
              ╱    ╲
             ╱      ╲
       项目开发成员    项目支持成员
       技术开发人员    销售、采购、品管、生产人员
```

研发过程管理

新产品设想 → 概念 → 原型 → 最终产品 → 营销计划

主要要素		主要内容	建议	决策/评价
设想来源		新产品设想主要来自内外部，譬如：潜在购买者、竞争者、产品供应商、经销商、内部各部门等。	·每半年或一年，营销中心组织各区域销售经理/营销中心相关人员对目标市场进行深层次市场调查（问卷调查/委托当地专业市场调查公司），及通过了解竞争对手产品情况，市场经理对市场调查结果进行分析，提出新产品开发设想； ·技术中心从技术发展与完善角度提出新产品开发设想。	·以销售拉动建立新产品设想决策与评价体系； ·市场经理参与研发项目组工作，确定设想过程组织销售人员参与评价； ·技术开发组负责整理新产品设想，制定新产品设想规划，报公司项目评审委员会会议讨论
设想形成方法	市场环境	根据同类产品的历史发展、技术专利情况以及对竞争对手、市场畅销品、产品发展趋势的分析等因素掌握市场环境的变化。		
	产品结构	对产品结构的功能分析、使用分析、缺点分析、独特性能分析等寻找产品差异或未满足的需求形成新产品构思。		
	消费需求	通过对消费者个人进行深入调查、投诉分析、建议分析等，获得个人反馈的信息。		
	潜需求结构	对重点小组（代理商、区域销售部等），通过头脑风暴法和德尔菲法对消费者行为、态度、购买动机等进行分析，寻找尚未满足的市场需求。		
设想差异性分析法	决定差异分析	通过对市场需求分析和市场细分化分析，来寻求新的市场机会产生的新产品设想。		
	知觉差异分析	根据竞争对手产品之间的属性的差异性和消费者对产品属性的重要程度的不同要求进行分析，寻求新的市场需求机会。		
	偏好差异分析	通过分析消费者对各种产品的认知（即各种产品的差异性和产品消费群体定位的不同），来判断各种产品的市场需求空间的大小，寻求研发机会。主要分析消费者对现有产品和未来新产品的偏好程度，来寻求研发机会。		

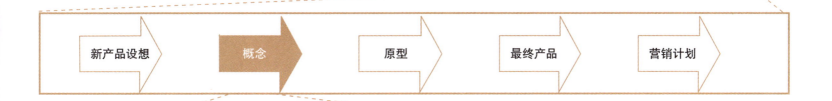

研发过程管理

新产品设想 → 概念 → 原型 → 最终产品 → 营销计划

主要要素	主要内容	例证	建议	决策/评价
营销中心新产品概念	从产品特性、购买者的心理认知等方面对潜在市场接受程度进行量化。	产品重量、大小、外形、功能、寿命等。	·新产品概念主要来源于市场需求和生产工艺改进，因而研发人员要深刻了解区域目标市场和产品供应商生产状况； ·每季度/月份整理分析市场需求信息，每年度要求营销中心组织区域相关市场调查； ·与重点供应商签订技术合作协议，帮助供应商改进生产工艺，因而每季度/月份深入供应商生产现场，与供应商的技术部门/生产部门成立技术/工艺开发小组。	·技术中心负责组织新产品概念开发，在部门内部进行鉴定，然后上报项目评审委员会进行审核，讨论通过后上报总经理审批； ·根据项目大小、投入、开发速度要求等因素，技术中心定期或不定期组织相关部门对新产品概念进行评估，及时跟踪、筛选新产品概念，降低研发费用和投资风险。
技术中心新产品概念	从产品的技术、形式和功能等方面来影响研发的时间、质量等。			
工艺技术部新产品概念	从工艺设计、生产加工工艺和装配工艺等方面来影响产品制造时间、制造成本、产品质量。	衔接产品研发与生产环节，通过优化产品的生产工艺来提高产品的生产效率或通过产品工业设计改进产品性能。		

研发过程管理

	建议
定义	·通过技术开发，把新产品概念转化为具体化的工作模型或最终产品的初始形式。
开发过程	·新产品原型开发实行项目负责制（由项目开发小组组长承担责任），在开发过程中技术经理起宏观控制作用，配合项目小组组长，组织相关部门进行项目的资源配置和评估工作； ·在产品原型开发过程中，随时进行产品开发的技术测试、财务测试、生产测试、市场测试等。
决策/评价	·产品开发最终成果评价：技术中心负责组织新产品原型开发，原型开发后首先在部门内部进行鉴定，然后上报技术管理委员会进行审核，组织公司相关部门进行讨论，技术含量高或重要产品的开发，要组织外部专家对产品进行技术鉴定。 ·产品开发过程评价：根据项目大小、投入、开发速度要求等因素，技术中心总监定期或不定期组织相关部门对新产品原型开发过程进行评估，及时跟踪、筛选新产品原型，降低研发费用和投资风险。

研发过程管理

新产品设想 → 概念 → 原型 → **最终产品** → 营销计划

	建议
定义	·新产品核心概念的最终实现，是新产品原型经过反复技术开发、评价和使用测试，逐步完善形成可使用的产品。
开发过程	·新产品原型开发后，要进行最终产品生产工艺实现设计、技术完善、产品质量测试、成本预算、产品投入财务收益测算等； ·制定产品技术标准文件、质量标准文件、产品生产工艺标准文件和产品生产前的相关文件等。
决策/评价	·技术中心将最终产品生产的标准化文件和产品生产前的相关文件上报项目评审委员会，并组织相关部门（营销中心、销售部、财务部、采购、技术中心等）对其进行审核和评估； ·最终产品鉴定通过后，总经理组织相关部门对最终产品的生产规模、经济收益进行预测。

研发过程管理

新产品设想 → 概念 → 原型 → 最终产品 → **营销计划**

	建议
定义	·新产品投放市场时对市场的有关要素（产品价格、销售额、赢利、消费者的市场反应、投放时机、产品投放市场跟踪等）进行测试的过程。
开发过程	·技术中心协同营销中心拟订出新产品营销计划方案，营销中心负责组织相关部门召开新产品营销计划专题研讨会，首先拟订出新产品营销计划测试要素，然后各区域销售部经理负责实施，市场经理负责市场信息跟踪、分析，最终确定出比较适合目标市场发展的产品特征和市场营销计划。
决策/评价	·营销中心负责提出营销计划，总经理负责审批； ·公司根据新产品营销实施效果，对研发小组成员进行绩效挂钩。

生产运作管理操作详解

生产运作管理操作说明书

项目	工作内容	工作依据	权责	时限	工作成果	
					工作成果	呈送单位
协同能力	1.督导协调采购、技术、制造等部门围绕订单交期，分析问题、解决问题，对于突破瓶颈问题给出指导意见，保持节奏一致，落实生产计划。	《销售计划》《市场调查分析报告》《部门年度业务计划—制造部》《财务报表》—流动比率	督导	日常	总经理办公会决议	——
	2.统筹规划生产布局，形成内部整体的物流系统，整合生产、采购、品质保证、工艺、设备动力资源，形成公司的规模化运作。	《公司中长期战略规划》《年度经营计划》	规划督导维护	阶段性	合理的生产布局	——
	3.引入标准成本管理体系，制定单位产品的标准成本，落实各环节中的成本责任人，提高生产管理者的成本管理水平。	《公司中长期战略规划》《年度经营计划》《财务报表》—成本分析	督导规划决策	日常	标准成本管理体系	——

生产运作管理资源使用表

工作事项	物质资源							信息资源							能量资源						
	产品	基础设施	生产设备	资金条件	技术基础	生产资料	人力资本	场地	工作计划	业务流程	网络	客情关系	培训活动	内报内刊	会议	供应链	经营历史	知名度	美誉度	运营机制	组织结构	人际关系	政府关系	经营效率
生产管理			(2)(3)				(3)													(3)				(1)

生产运作管理资源使用操作说明书

（1）根据公司经营效率合理规划安全生产体系。可靠的装备、实用的技术、称职的人员、科学的标准、严格的制度、精细的管理、有效的救援等，是安全生产的重要保障。生产管理要做到行为规范、装备可靠、环境达标、处置有效、机构健全、制度完善。

（2）从生产设备的潜能挖掘上防御事故发生。用高科技、新技术解决生产中存在的安全问题，以确保即使发生操作失误，或者设备存在缺陷，也不会发生事故。

（3）从生产设备、人力资本、运营机制着手，保证必备的安全生产条件，人员、设备和管理必须始终处于最佳状态，以确保生产运作的"可控和在控"。

供应链管理操作详解

供应链管理操作说明书

项目	工作内容	工作依据	权责	时限	工作成果	
					工作成果	呈送单位
胜任能力	1.制定供应商合作原则，形成战略同盟关系，实现强强联合，使供应链节点少、业务流程快、市场反应敏感，供应成本低。	《公司中长期战略规划》《年度经营计划》	督导决策	日常	供应商评鉴体系—供应商合作原则	——
	2.督导与供应商谈判，就备货占用资金、库存周转率、库存管理费用达成双赢协议。	供应商合作原则	督导	日常	备货协议	——
	3.督导第三方物流管理，降低物流成本，确保快捷、安全。	合格物流商评鉴体系 财务报表 购销合同	督导	日常	物流协议	——

供应链管理资源使用表

工作事项	物质资源							信息资源							能量资源						
	产品	基础设施	生产设备	资金条件	技术基础	生产资料	人力资本	场地	工作计划	业务流程	网络	客情关系	培训活动	内报内刊	会议	供应链	经营历史	知名度	美誉度	运营机制	组织结构	人际关系	政府关系	经营效率
供应链																				(2)				(1)

供应链管理资源使用操作说明书

（1）战略采购和操作采购的分开，使两项功能分工明确，经营效率得以提高，管理资源得到更有效的配置。
①战略性采购的主要职责是整合发展供应商：优选分供方(ABC管理)；制定差异化的采购模式；降低分供方的数量；与技术中心更好地协调与合作；加强采购策略/流程方案的优化和监督实施；把更多的时间和精力，用在对供应市场进行分析和研究，提高整体采购的能力上。
②操作性采购则与生产部门更紧密地协作，更有效地保证部品的齐套，把主要精力放在保证生产和提高物流效率上，以及对订货过程的控制和物流计划的改善上。

（2）对供应商的评估将涵盖八大因素，并以量化的打分方式对供应商进行全面评价，这将使供应链的运营机制更健全。按照打分结果，对供应商实行ABC分类：A类为最佳分供方，供货比例为70%；B类为合适分供方，供货比例为30%；C类为某种条件下合格分供方，正常情况下不供货。

04 《总经理绩效目标达成行动手册》设计（范例）

优选分供方首先必须改变原有的"合格分供方"的思维模式，而采取ABC的管理方式。

现有分供方管理思路："合格分供方"

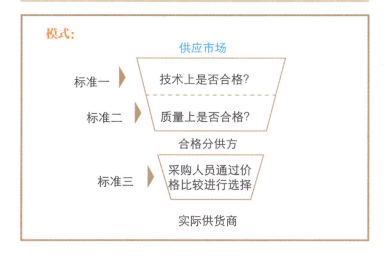

特点：
- 供应商的资格认定着眼于"合格与否"；
- 供应商数量多；
- 具体给哪个供应商下订单的权力掌握在采购人员手上。

缺点：
- 供应商的数量无法加以控制；
- 供应商的情况掌握不全；
- 每次合同的供应商选择浪费许多精力、时间；
- 实际供货不一定是最优的分供方。

理想的管理方式：ABC分供方管理

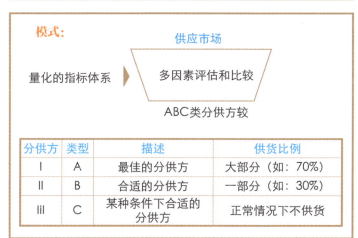

特点：
- 通过多因素评估和比较对供应商进行排序，选择最佳分供方；
- 供应商数量少；
- 供应关系相对稳定且可以控制。

缺点：
- 保证实际供货的是最佳的分供方；
- 长期的合同可以实施；
- 流程得以简化。

对供应商的评估将涵盖八大因素,并以量化的打分方式对供应商进行全面评价。

八大因素

- 质量体系
- 生态
- 采购
- 研发
- 物流
- 生产
- 合作
- 公司总体情况

拟采取的评估方式

- 各因素细化为多项指标,每项指标赋予一定的分值和评分的标准;

- 供应商评估由技术、战略采购、质量工程师、成本工程师所组成的小组一起开研讨会确定;

- 评估的结果为ABC类分供方的确定;

- 评估必须撰写总结报告,与结果一起报部长审批,其结果再抄送技术、质量、生产部门。

根据重要性的程度，八大因素分别赋予不同的分值，并细化为多项指标。

权重和细化指标

评价因素	权重	细化指标
1. 总体情况	15	- 企业知名度　　- 管理层的稳定性 - 供货能力　　　- 市场的接受程度 - 地理位置 - 市场地位
2. 生产制造	15	- 生产能力（现有/潜在）　- 过程文件的 - 生产技术和设备　　　　　完备性 - 可靠性 - 生产员工素质
3. 研究开发	15	- 研发业绩　　　　　　- 技术资料的 - 技术开发手段的先进性　完备性 - 客户服务 - 样品 - 技术参数
4. 质量管理	10	- 质量体系认证情况　- 客户服务 - 质量过程控制 - 质量改进计划 - 产品质量

评价因素	权重	细化指标
5. 物流和交货	15	- 交货　　- 预警系统 - 运输　　- 紧急订单 - 库存 - JIT的可能
6. 原材料采购	5	- 供应商管理 - 原材料的使用 - 原材料降低成本的可能和相关的改善计划
7. 生态	5	- 环境认证 - 环境保护 - 危险 - 资源消耗
8. 合作	10	- 合同期限 - 成本结构 - 质量协议 - 客户服务

各项指标均以100分制进行打分,再计算加权平均值,并根据得分确定供应商的等级。

计算方法

$$供应商总得分 = \frac{(R_{总体情况} \times 15 + R_{生产制造} \times 15 + R_{研究开发} \times 15 + R_{质量管理} \times 20 + R_{物流交货} \times 15 + R_{原材料采购} \times 5 + R_{生态} \times 5 + R_{合作} \times 10)}{100}$$

结果

供应商等级划分:
- 85~100:A级供应商;
- 70~84:B级供应商;
- 55~69:C级供应商;
- 42~54:D级供应商;
- 42分以下,不予考虑的供应商。

供应商的供货安排:
- 每个级别的供应商一般选择2~3家(根据评分的结果确定);
- 根据供应商的等级确定供货比例:
- 如果选择的供应商分别属于ABC级供应商,则供货比例可按照80:20:0的差异化比例确定;
- 如果没有A级的供应商,则应调整比例结构(如:50:30:20),并通过寻找新的供应商或培养有潜力的供应商来实现差异化管理。

说明:
- 每一项得分均需要有足够的数据/资料加以支撑,并随打分结果一起提交;
- 评分由战略采购经理、质量工程师、成本工程师、研发工程师组成的小组,以研讨会的形式公开进行;
- 对于不能明确做出评分决定的项(如:数据不足等),由小组讨论后确定,并作补充说明。

供应商的选择是一个群体决策的过程。

供应商选择的一般流程

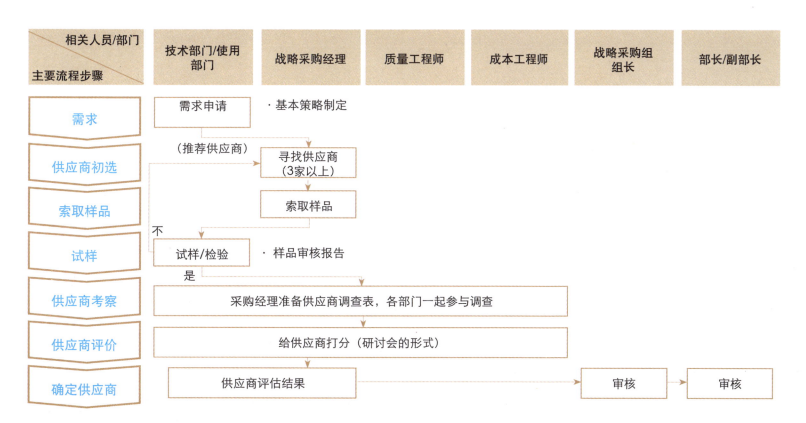

采购行为的发生与新品开发的过程应该是并行的。

采购流程与新品开发流程并行	优点

新品开发流程	设计方案	原理样机	初样	正样	设计批	工艺批	批量
采购部门的功能		供应商初选/索取样品		供应商考察、评估和优选			

- 采购部门可以尽早了解新品开发对元器件的需求，并相应地做出反应，这样可以大大缩短新品上市时间（time-to-market）；
- 技术部门可以利用采购经理对相关领域的行业知识和对供应市场的了解，提高新品开发的质量；
- 明确供应商管理的责任（采购部门应负的责任）；
有利于分供方的优化（如：可以降低分供方的数量）；
- 工作中减少原有部门间反复的协调；
- 技术与采购之间可以互相监督。

对供应商的业绩评价可以根据核心指标评分卡来进行。

供应商业绩评分卡

成本	30	质量	30
价格降低情况=（本期价格-前期价格）÷前期价格 （得分>5%=15，4%=12，3%=9，2%=6，1%=3，得分<1%=0）	15	质量体系证书（通过认证=10，没通过认证=0）	10
付款期（60天=10，45天=7，<30天=5）	10	产品质量证书（有=5，无=0）	5
供应商所采购原材料成本降低情况 （得分>5%=5，2%~4%=3，1%~2%=1，得分<1%=0）	5	交货质量=无质量问题的接收次数÷总接收次数 （90%~100%=15，<90%=0）	15
交货	30	服务	10
准时性=准时交货的批次÷总交货批次 （100%=15，90%~99%=10，80%~89%=5，<80%=0）	15	对客户投诉的反应速度（快=2，慢=0）	2
交货期偏差=1-实际交货期与合同交货期偏差总计÷合同交货期总计 （1=10，0.9~0.99=5，<0.9=0）	10	各种票据是否完备（是=2，否=0）	2
		物料、质量改进项目的完成情况（良好=2，一般=1，差=0）	2
		在审计、评估方面的支持程度（非常支持=0，一般=1，不配合=0）	2
库存准备（是=5，否=0）	5	供应商是否早期参与新品开发（是=2，否=0）	2

评价制度

每季度对每个供应商打分；
根据打分结果对供应商进行评级和数据更新：
- A级供应商：85~100分； B级供应商：70~84分；
- C级供应商：55~69分； D级供应商：42~54分；
- 应取消的供应商：得分<42分。

根据评价结果奖惩供应商：
- 评出前10名的供应商，并给以物质或精神的奖励；
- 对于表现欠佳的供应商，发出警告，说明降级、取消等处罚的原因，以督促供应商改善。

季度和年度的供应商业绩评估是供应商管理的重要环节。

季度和年度供应商业绩评估流程

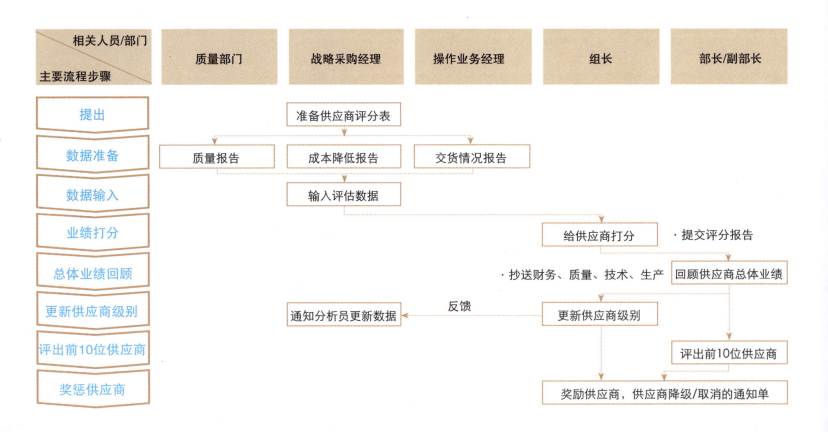

降低供应商数量是供应商管理中一项重要的内容。

理想的供应商结构	降低供应商数量所产生的效果
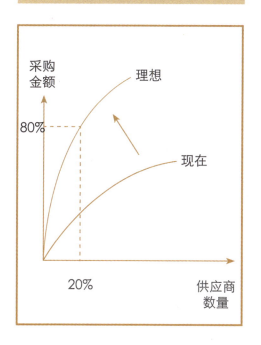	· 提高自己在供应商各个环节的讨价还价能力，并降低材料成本： 　− 单个供应商的采购量上升； 　− 货运代理的运输量上升。 · 可以建立长期的、更紧密的合作关系： 　− 技术上的合作，开发新产品； 　− 生产制造上的合作，以提高效率，降低成本。 · 降低流程成本： 　− 简化双方流程； 　− 增加透明度。 · 可以实施供应链管理中更高级的模式： 　− 影响甚至控制供应商的供应商； 　− 发展有潜力的供应商，实现"双赢"。

降低供应商的数量必须长期地、持续地进行，不断地追求更高的目标。

降低供应商数量的主要方法

方法	内容
1. 基本策略	- 推行标准化工程，减少专用件的数量，尽可能多地采取通用件，从而降低物料的品种； - 推行价值工程，剔除不必要的功能或寻找替代性的材料，或者通过创新实现简单化。
2. 采购策略	- 逐步落实ABC的供应商管理方法； - 调整采购策略，确定"唯一供货""独家供货""两家供货""多家供货"四个策略所对应的产品。
3. 扶持、发展与整合供应商	- 帮助供应商实现全系列配套； - 有意识地培养、扶持有潜力的供应商成为A类供应商，删除其余的供应商； - 与核心供应商建立战略联盟。
4. 引入竞争机制	- 通过目标定价的方式，促使供应商优化其成本结构，不能达到目标的供应商出局； - 建立供应商业绩的评价体系，对供应商分级别，表现差的供应商出局。

财务与投资管理操作详解

财务与投资管理操作说明书

项目	工作内容	工作依据	权责	时限	工作成果	呈送单位
					工作成果	
协同能力	1.优化公司资金结构，合理控制负债率，提高财务杠杆效应；积累企业信用资源，拓宽融资渠道，使经营性资金流充盈，增加资金使用周转率。	《资产负债表》《年度经营计划》《财务分析报告》	规划 督导 决策 维护	日常	《财务报表—现金流量表》改善	——
	2.运用财务分析报告，制订合理的库存计划、销售价格及其他成本费用预算。	《财务分析报告》	决策	日常	缩小预算执行偏差	——
	3.根据投资的四大原则，控制投资风险。	《股东会会议决议》	执行	日常	投资项目的回报周期和资金安全《项目年度决算》	——

财务与投资管理资源使用表

工作事项	物质资源								信息资源							能量资源						
	产品	基础设施	生产设备	资金条件	技术基础	生产资料	人力资本	场地	工作计划	业务流程	网络	客情关系	培训活动	内报内刊	会议	供应链	经营历史	知名度	美誉度	运营机制	组织结构	人际关系	政府关系	经营效率
财务管理							(2)								(1)									

财务与投资管理资源使用操作说明书

（1）每半年组织一次战略质询会议，对各业务单元的年度经营计划及财务预算进行质询，提出修改意见，以确保各业务单元的经营目标有相当的高度且实际可行，并尽量保证公司总体经营目标、财务目标能够实现。

（2）将人与资本结合，形成真正的人力资本。从个人经营型财务管理向制度资本型财务管理提升，要全面提升决策层、经理层和财务人员的资本运营素质。实施资本责任管理，加强人力资源开发，逐渐形成能够承担资本责任的专业财务队伍。

年度财务规划质询会—会议议程及目的

· 会议目的:
　　对各业务单元的年度经营计划及财务预算进行质询,提出修改意见,以确保各业务单元的经营目标有相当的高度且实际可行,并尽量保证集团总体经营目标/财务目标实现。

· 参加人员:
　　总裁、业务单元总经理、财务总监、战略发展及人力资源部门主管、财务规划科相关人员(列席)、下属经营单位总经理(只在质询本经营单位计划时列席)。

· 时间:
　　十二月上旬,两天。

· 会议议程:

议题	时间(小时)
— 总裁介绍集团总体财务目标期望;	0.5
— 财务总监介绍集团总体财务目标向各业务单元的初步分解;	1
— 财务总监宣布会议规则;	
— 各业务单元呈报业务单元的财务规划,接受与会人员质询,明确修改方向;	3×6
— 财务总监总结发言,明确各业务单元计划修改完成时间表;	1
— 总裁宣布闭会。	0.5
	24

业务单元财务规划报告样板

3.战略目标实施具体时间表														
目标	举措	负责人	时间表											
			1月	2月	3月	4月	5月	6月	7月	8月	9月	10月	11月	12月

业务单元财务规划报告样板

4.差异分析				
现有举措目标	集团设定目标	差异	差异解释	差异弥补方式

业务单元财务规划报告样板

5.预算实施风险及规避方法		
主要风险	风险来源	规避方式

业务单元全年融资需求预测表

单位 _____   日期 _____

	项目	金额		项目	金额
1	业务收入		4	投资需要	
2	核定的资金周转次数				
3	业务的资金需求总量（=1/2）		5	资金定额（=3+4）	
汇总	去年融资定额 _____ 本年融资定额 _____ 差异及解释 _____				

年度财务规划质询会—会议规则

· 需提前准备的材料：

材料	提前量
– 财务总监下达会议议程及规则、材料要求；	3周
– 财务总监下达集团总体财务目标期望值；	4~5周
– 各业务单元财务规划。	1周

· 会议规则：
– 各业务单元的呈报材料、图表一律按要求格式并不超过10页；
– 质询及对质询的应答要求以事实及数据为基础；
– 质询对事不对人；
– 与会人员对各业务单元计划及预算有质询权，总裁对修正要求有终决权。

· 会后后续活动：
财务总监总结、分发会议关于各业务单元计划修改的要求及时间表；
总部财务规划部门跟踪计划的修改，重新汇总，直至与集团要求达成一致。

业务单元财务规划报告样板

- 1.战略规划第一年目标概述

- 1.1 战略规划第一年目标

- 1.2 主要经营计划及预算计划前提和假设

业务单元财务规划报告样板

2. 主要经营业绩指标及计划														
目标细分	总计	1月	2月	3月	4月	5月	6月	7月	8月	9月	10月	11月	12月
销售收入 - 单位价格 - 销量 生产成本 - 单位成本 - 销量 毛利 费用 - 市场费用 - 销售费用 - 研发费用 - 行政管理费用 税息前营业收益														

人才管理操作详解

人才管理操作说明书

项目	工作内容	工作依据	权责	时限	工作成果	
					工作成果	呈送单位
胜任能力	1.做好管理干部和技术干部的继任计划，确保组织计划的持续性。	《员工职业生涯规划》《绩效考核结果》《职位说明书》	规划决策评估	年度	《调岗调薪通知》《干部继任计划》	——
	2.根据公司的经营目标，结合年度的人力结构状况，进行缺口分析，做好补充计划。	《年度经营计划》《人力资源盘点表》	督导决策评估	年度	《人力资源缺口分析表》《人力资源补充计划表》	——
	3.运用社会资源，挖掘公司软硬实力，塑造雇佣品牌，吸引重要人才加盟。	《人力资源规划》《招聘制度》人才招聘流程	决策督导评估	日常	《录用通知书》《职位申请表》《入职申请表》	——
	4.制定激励体系，维护"高付出、高回报"的承诺文化，增强员工凝聚力和向心力，提高愿景目标的认同感。	《绩效管理操作手册》《薪酬管理制度》《公司基本法》《员工手册》	督导	日常	晋升、表彰大会、绩效奖金兑现	

人才管理资源使用表

工作事项	物质资源							信息资源							能量资源						
	产品	基础设施	生产设备	资金条件	技术基础	生产资料	人力资本	场地	工作计划	业务流程	网络	客情关系	培训活动	内报内刊	会议	供应链	经营历史	知名度	美誉度	运营机制	组织结构	人际关系	政府关系	经营效率
人才管理				(1)			(2)								(3)							(4)		

人才管理资源使用操作说明书

(1) 合理运用资金条件，将80%的资金预算用在20%的紧缺人才招聘上，做好招聘费用预算表。
(2) 发挥人力资本的优势，将公司优秀员工晋升的故事图文并茂地展示出来，塑造公司雇佣品牌。
(3) 利用行业会议、展会，宣示公司品牌形象和经营实力，同时宣传公司技术人才引进政策。
(4) 充分拓展公司内部人际关系，设立内部员工人才举荐奖励制度，鼓励员工利用社会关系发现人才、引进人才。

人力资源规划流程图

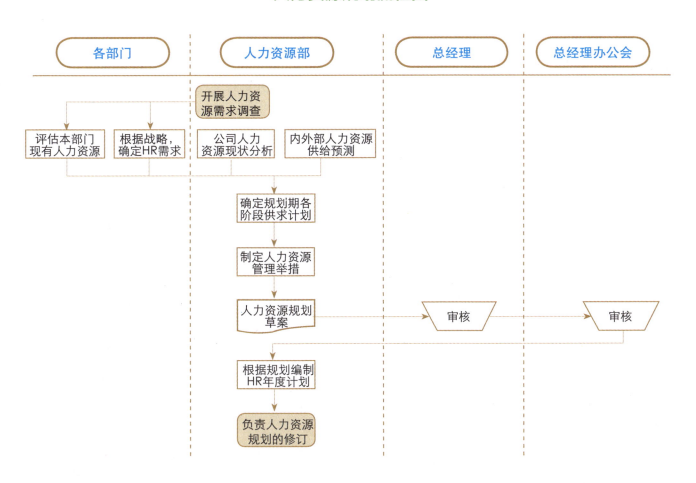

第1步，明确公司战略。

明确战略目标	重要战略举措	明确举措时间表
·公司总体战略目标 ·公司各阶段财务目标 　－销售收入及构成； 　－利润目标； 　－产量目标及构成； 　－…… ·公司各阶段管理目标 　－成本核算； 　－全面预算管理； 　－企业信息化； 　－……	·进行产能规划 ·逐步扩充产能 ·推进项目管理 ·实施集中采购 ·增强产品研发能力 ·进行企业信息化建设 ·全面预算 ·精益制造	·×年×月—×年×月（某举措） ·×年×月—×年×月（某举措） ·×年×月—×年×月（某举措） ·×年×月—×年×月（某举措）

第2步，确定人力资源规划的分析框架与标准体系。

明确范围

- 人力资源规划的组织范围；
  确定规划涉及的各级部门的范围。
- 人力资源规划的时间跨度。
  确定人力资源规划的规划期间，并确定该期间内各阶段的划分情况。

制定分析标准

- 员工类别分类标准；
- 员工年龄分类标准；
- 员工职称分类标准；
- 员工在岗年限分类标准；
- 员工学历分类标准；
- 人力资源规划中涉及的某些名词的定义：高层管理人员、中层管理人员、管理人员、专业人员、后勤人员、后备人才，等等。

第3步，界定各阶段核心价值链与辅助价值链中具有战略意义的核心岗位。

各阶段各部门的核心岗位

		近期（2年内）	中期（5年内）	远期（10年内）
核心职能	营销部			
	研发部			
	……			
辅助职能	信息中心			
	……			
	经营管理部			

确定核心岗位从三个维度考虑：
战略举措实施过程中的核心岗位；
公司特有的特种专业的研发、技术或技工人才；
需要通过较长时间（1年以上）的培养才能完全胜任工作的岗位。

第4步，根据战略要求确定核心价值战略与辅助战略中人力资源配置的原则。

各阶段各部门人力资源配置原则

	员工类别	近期（2年内）				中期（5年内）				远期（10年内）			
		管理人员	专业人员	工人	后勤人员	管理人员	专业人员	工人	后勤人员	管理人员	专业人员	工人	后勤人员
核心职能	营销部												
	研发部												
	……												
辅助职能	信息中心												
	……												
	经营管理部												

说明：人力资源配置原则分为三种情况：增加编制、减少编制、培训提高。

第5步,分析人力资源现状。

| ×部员工构成分析 | ×部核心岗位分析 |

- 部门员工学历构成;
- 部门员工年龄构成;
- 部门员工职称构成;
- 部门在岗年限分析;
- 部门管理人员、专业人员构成;
- 本部门近、中、远期员工退休数量。

- 核心岗位名称;
- 核心岗位在岗人员数量;
- 核心岗位员工近、中、远期退休人数。

×部员工构成分析

	管理人员	专业人员	工人	后勤人员
数量				
比例				

核心岗位分析

编号	岗位名称	在岗数量	年龄梯队	近期退休人数	中期退休人数	远期退休人数
1						
2						
……						
N						

注:人力资源现状分析应该进行分部门分析和总体汇总。

人力资源现状——公司总体和分部门员工构成分析

人员成本 人均收入	公司目前人力成本（薪酬福利总额，培训支出，招聘支出）占销售收入的比例； 公司目前人均销售收入。

人员结构分析	行政管理人员	技术管理人员	工程技术人员	基础生产工人	辅助生产工人	辅助工人	后勤服务人员	其他人员
数量								
比例%								

年龄分析 （人）	行政管理人员	技术管理人员	工程技术人员	基础生产工人	辅助生产工人	辅助工人	后勤服务人员	其他人员	合计
30以下									
30～40									
40～50									
50以上									

年龄分析 （%）	行政管理人员	技术管理人员	工程技术人员	基础生产工人	辅助生产工人	辅助工人	后勤服务人员	其他人员	合计
30以下									
30～40									
40～50									
50以上									

注：按照上述分析方法进行公司全体的学历结构、职称结构、在岗年限结构等的分析，也可以进行分部门的员工构成分析。

人力资源现状——中高层管理人员和核心岗位员工结构分析

中高层管理人员结构分析

中高层管理人员分析	总数	年龄结构（%）				学历结构（%）						继任计划覆盖率（%）	近期退休人数	中期退休人数	远期退休人数
		30以下	30~40	40~50	50以上	大专下	大专	本科	硕士	博士	MBA				
高层管理人员															
中层管理人员															

核心岗位员工结构分析

编号	岗位名称	所在部门	在岗人数	职称结构（%）			在岗年限结构（%）				年龄结构（%）				近期退休人数	中期退休人数	远期退休人数	目前后备人才数量
				初级	中级	高级	2年以下	2~5年	5~10年	10年以上	30以下	30~40	40~50	50以上				
1																		
2																		
3																		
4																		
5																		
6																		
7																		
8																		
9																		
……																		

第6步，人力资源需求调查。

×部员工需求总量调查

- 各阶段部门员工学历构成；
- 各阶段部门员工年龄构成；
- 各阶段部门员工职称构成；
- 各阶段部门在岗年限分析；
- 各阶段部门管理人员、专业人员构成。

×部核心岗位需求调查

- 各阶段核心岗位名称；
- 各阶段核心岗位在岗人员数量；
- 各阶段核心岗位人员年龄结构；
- 各阶段核心岗位人员在岗年限结构；
- 各阶段核心岗位人员职称结构。

管理、专业人员构成

数量	管理人员	专业人员	工人	后勤人员
近期				
中期				
远期				

近期核心岗位分析

编号	岗位名称	在岗数量	年龄梯队	在岗年限	职称
1					
2					
……					
N					

注：应该附上部门基于公司发展战略制定的本职能发展规划。

人力资源需求调查——中高层管理人员需求

中高层管理人员需求

填表人： 填表日期：

近期（2年内）中高层管理人员需求情况

类别	总数	年龄结构（%）				学历结构（%）						继任计划覆盖率（%）
		30以下	30~40	40~50	50以上	大专下	大专	本科	硕士	博士	MBA	
高层管理人员												
中层管理人员												

中期（5年内）中高层管理人员需求情况

类别	总数	年龄结构（%）				学历结构（%）						继任计划覆盖率（%）
		30以下	30~40	40~50	50以上	大专下	大专	本科	硕士	博士	MBA	
高层管理人员												
中层管理人员												

远期（10年内）中高层管理人员需求情况

类别	总数	年龄结构（%）				学历结构（%）						继任计划覆盖率（%）
		30以下	30~40	40~50	50以上	大专下	大专	本科	硕士	博士	MBA	
高层管理人员												
中层管理人员												

人力资源需求调查——各部门总量需求调查

人力资源总量需求调查

部门名称： 　　　　　　　　　填表人： 　　　　　　　　　填表日期：

1.员工构成（总数）

（数量）	管理人员	专业人员	工人	后勤人员
近期				
中期				
远期				

2.员工年龄结构

比例%	30以下	40以下	50以下	50以上
近期				
中期				
远期				

3.员工学历结构

比例%	高中	大专	本科	硕士
近期				
中期				
远期				

4.员工构成（比例）

比例%	管理人员	专业人员	工人	后勤人员
近期				
中期				
远期				

5.员工职称结构

比例%	无职称	初级职称	中级职称	高级职称
近期				
中期				
远期				

6.员工在岗年限结构

比例%	2年以下	5年以下	10年以下	10年以上
近期				
中期				
远期				

人力资源需求调查——各部门核心岗位需求调查

核心岗位需求调查

部门名称：　　　　　　　　　填表人：　　　　　　　　　填表日期：

近期（2年内）核心岗位需求情况

编号	岗位名称	总数	职称结构（%）				在岗年限结构（%）				职称结构（%）			后备人才数量
			30以下	30~40	40~50	50以上	2年以下	2~5年	5~10年	10年以上	初级	中级	高级	
1														
2														
……														
N														

中期（5年内）核心岗位需求情况

编号	岗位名称	总数	职称结构（%）				在岗年限结构（%）				职称结构（%）			后备人才数量
			30以下	30~40	40~50	50以上	2年以下	2~5年	5~10年	10年以上	初级	中级	高级	
1														
2														
……														
N														

远期（10年内）核心岗位需求情况

编号	岗位名称	总数	职称结构（%）				在岗年限结构（%）				职称结构（%）			后备人才数量
			30以下	30~40	40~50	50以上	2年以下	2~5年	5~10年	10年以上	初级	中级	高级	
1														
2														
……														
N														

员工数量需求预测方法

核心价值链部门中专业人员或工人需求预测方法

核心价值链部门中专业人员或工人是指直接参与产品的研发、工艺、生产的，人数需求与技术水平、产量密切相关的岗位。

人数需求（数量、素质）预测主要考虑以下因素：
1. 产品及产量预测；
2. 产量与此类员工数量比例的经验数据；
3. 技术发展或技术改造所引起的工艺方法或工艺流程的改变；
4. 产品研发的知识积累与信息化程度；
5. 保持合理的人才结构。

其中，核心岗位后备人才数量的确定方法：
核心岗位人才补充数量：后备人才培养数量 = 1：1.2

其他管理人员或专业人员需求预测方法

人数需求（数量、素质）预测主要考虑以下因素：
1. 公司信息化程度；
2. 部门机构调整及工作流程优化；
3. 保持合理的人才结构。

其中，核心岗位后备人才数量的确定方法：
核心岗位人才补充数量：后备人才培养数量 = 1：1.2

第7步，编制各阶段人力资源配置规划。

```
┌─────────────────────┐
│    当前年龄结构      │      ┌─────────────────────┐          ┌─────────────────────┐
│  ┌──┬──┬──┬──┬──┐   │      │   近期员工职称规划    │          │   近期员工配置规划    │
│  │年龄段          │   │      │                     │          │                     │
│  ├──┼──┼──┼──┼──┤   │      │ 培养初级、中级、高级  │          │ 招聘实现人力资源配置： │
│  │比例            │   │      │ 职称的数量。         │          │ 招聘大学生人数；      │
│  └──┴──┴──┴──┴──┘   │      │                     │          │ 招聘中高级技术人员人数；│
└─────────────────────┘      └─────────────────────┘          │ 招聘人员年龄结构规划。 │
         ↕                            ……                      │                     │
┌─────────────────────┐      ┌─────────────────────┐   综      │ 内部调配方式配置：    │
│   近期年龄结构目标    │      │   近期员工年龄规划    │   合     │ 调配人员年龄结构；    │
│  ┌──┬──┬──┬──┬──┐   │      │                     │   平      │ 调配人员学历结构；    │
│  │年龄段          │   │      │ 每年新进大学生数量；  │   衡      │ 调配人员职称结构。    │
│  ├──┼──┼──┼──┼──┤   │      │ 内部调动年龄范围及数量；│          │                     │
│  │比例            │   │      │ 近期退休计划。       │          │ 培训实现人力资源配置： │
│  └──┴──┴──┴──┴──┘   │      └─────────────────────┘          │ 培训提升员工技术水平； │
└─────────────────────┘              ……                      │ 培训提高员工职称等级。 │
                             ┌─────────────────────┐          │                     │
                             │   近期员工学历规划    │          │ 减少冗员：           │
                             │                     │          │ 离退休自然减员；      │
                             │ 新进员工的学历层次规划│          │ 绩效考核减员；       │
                             └─────────────────────┘          │ 政策性下岗。         │
                                                              └─────────────────────┘
```

同样的方法，根据近期的目标人力资源状况与中期的人力资源状况目标的差距制定中期人力资源配置规划；根据中期的目标人力资源状况与远期的人力资源状况目标的差距制定远期的人力资源配置规划。

人力资源配置规划——分部门

近期（2年内）_____部门人力资源配置情况表

	总数	年龄结构（人数）				在岗年限结构（人数）				学历结构（人数）				类别构成（人数）				职称结构（人数）		
		30以下	30～40	40～50	50以上	2年以下	2～5年	5～10年	10年以上	高中及以下	大专	本科	硕士及以上	管理人员	专业人员	工人	后勤人员	初级	中级	高级
现状																				
退休状况																				
2年后目标																				
差额																				

近期（2年内）_____部门人力资源差额调配方案

1. 通过招聘和内部调配补充短缺的人才（差额为正值）

招聘与调配规划	总数	其中外部招聘	内部调配	年龄结构（人数）				学历结构（人数）				类别构成（人数）				职称结构（人数）		
				30以下	30～40	40～50	50以上	高中及以下	大专	本科	硕士及以上	管理人员	专业人员	工人	后勤人员	初级	中级	高级
2014年																			
2015年																			
合计																			

2. 减少冗员（差额为负值）

减少冗员规划	总数	年龄结构（人数）				学历结构（人数）				类别构成（人数）				减员方式		
		30以下	30~40	40~50	50以上	高中及以下	大专	本科	硕士及以上	管理人员	专业人员	工人	后勤人员	绩效淘汰	转岗	下岗分流
2014年																
2015年																
合计																

3. 培训规划

培训规划	学历教育（人次）				能力提升培训（人次）		新员工培训（人次）		转岗培训（人次）	
	在职大专	在职本科	在职硕士	MBA教育	管理培训（1）	技能培训（2）	公司文化	岗位技能	转入培训	转出培训
2014年										
2015年										

注：（1）管理培训指针对管理人员进行的管理理念、管理技巧、管理专业知识方面的培训；
（2）技能培训指针对研发、技术、工人的专业知识、技术和技能方面的培训。

人力资源配置规划——公司总体

近期（2年内）公司人力资源配置情况表

	总数	年龄结构（人数）				在岗年限结构（人数）				学历结构（人数）				类别构成（人数）				职称结构（人数）		
		30以下	30～40	40～50	50以上	2年以下	2～5年	5～10年	10年以上	高中及以下	大专	本科	硕士及以上	管理人员	专业人员	工人	后勤人员	初级	中级	高级
现状																				
离职状况																				
2年后目标																				
差额																				

注：离职状况包括退休的情况以及根据往年情况预测的员工自动离职的情况。

近期（2年内）公司人力资源差额调配方案

1.通过招聘和内部调配补充短缺的人才（差额为正值）

招聘与调配规划	总数	其中外部招聘	内部调配	年龄结构（人数）				学历结构（人数）				类别构成（人数）				职称结构（人数）		
				30以下	30～40	40～50	50以上	高中及以下	大专	本科	硕士及以上	管理人员	专业人员	工人	后勤人员	初级	中级	高级
2014年																		
2015年																		
合计																		

2.减少冗员（差额为负值）

减少冗员规划	总数	年龄结构（人数）				学历结构（人数）				类别构成（人数）				减员方式		
		30以下	30~40	40~50	50以上	高中及以下	大专	本科	硕士及以上	管理人员	专业人员	工人	后勤人员	绩效淘汰	转岗	下岗分流
2014年																
2015年																
合计																

3.培训规划

培训规划	学历教育（人次）				能力提升培训（人次）		新员工培训（人次）		转岗培训（人次）	
	在职大专	在职本科	在职硕士	MBA教育	管理培训（1）	技能培训（2）	公司文化	岗位技能	转入培训	转出培训
2014年										
2015年										

注：（1）管理培训指针对管理人员进行的管理理念、管理技巧、管理专业知识方面的培训；
（2）技能培训指针对研发、技术、工人的专业知识、技术和技能方面的培训。

第8步，编制各阶段核心岗位配置规划。

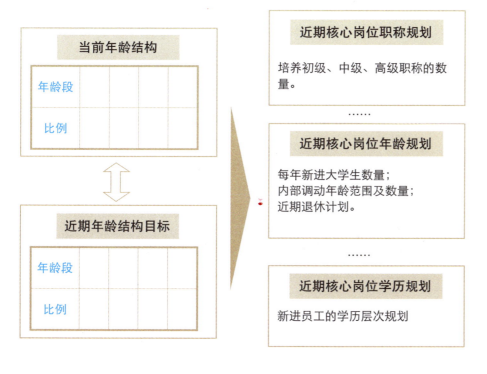

同样的方法，根据近期的目标核心岗位状况与中期的核心岗位状况目标的差距制定中期核心岗位配置规划；根据中期的目标状况与远期的状况目标的差距制定远期的核心岗位配置规划。

核心岗位的配置规划是人力资源规划的重点，是保证企业保持健康发展的重要环节。

核心岗位配置规划——中高层管理人员

近期（2年内）中高层管理人员配置情况表

	总数	年龄结构（人数）				学历结构（人数）				职称结构（人数）
		30以下	30~40	40~50	50以上	高中及以下	大专	本科	硕士及以上	
现状										
退休状况										
2年后目标										
差额										

近期（2年内）中高层管理人员差额调配方案

1.通过内部调配补充短缺的中高层管理人员（差额为正值）

招聘与调配规划	总数	其中外部招聘	内部调配	年龄结构（人数）				学历结构（人数）				后备人才培养数量
				30以下	30~40	40~50	50以上	本科	硕士	MBA	博士	
2014年												
2015年												
合计												

2.减少冗员（差额为负值）

减少冗员规划	总数	年龄结构（人数）				学历结构（人数）				减员方式		
		30以下	30~40	40~50	50以上	高中及以下	大专	本科	硕士及以上	绩效淘汰	转岗	下岗分流
2014年												
2015年												
合计												

3.培训规划

培训规划	在岗管理提升培训（人次）	后备人才管理培训（人次）
2014年		
2015年		

核心岗位配置规划——全公司核心岗位

近期（2年内）核心岗位配置情况表

	总数	年龄结构（人数）				在岗年限结构（人数）				职称结构（人数）			后备人才数量
		30以下	30~40	40~50	50以上	2年以下	2~5年	5~10年	10年以上	初级	中级	高级	
现状													
离职状况													
2年后目标													
差额													

近期(2年内)公司核心岗位差额调配方案

1. 通过招聘或内部调配补充短缺的核心岗位人才(差额为正值)

招聘与调配规划	总数	年龄结构(人数)				后备人才培养数量	
		30以下	30~40	40~50	50以上	非核心岗位转岗	对外招聘
2014年							
2015年							
合计							

2. 通过培训提升核心岗位专业能力并培养后备人才

培训规划	在岗人员提升培训(人次)		后备人才培训(人次)	
	管理培训(1)	技能培训(2)	后备人才管理培训	后备人才技能培训
2014年				
2015年				

注:(1)管理培训指针对管理人员进行的管理理念、管理技巧、管理专业知识方面的培训;
(2)技能培训指针对研发、技术、工人的专业知识、技术和技能方面的培训。

成本体系建立操作详解

标准成本体系建立操作说明书

项目	工作内容	工作依据	权责	时限	工作成果	呈送单位
创新能力	1.标准成本的首要问题便是成立统一的成本中心,以便实施成本控制,衡量其绩效,分清各部门的责任,最小成本中心可以到班组。	公司组织结构和职能分析	规划决策	日常	《标准成本体系领导小组的组织结构和分工》	——
	2.组织标准成本的数据分析和统计工作。	财务、采购、生产和设备维护部门的数据	督导维护决策	日常	《直接材料统计表》《直接人工统计表》《变动制造费用统计表》《固定制造费用统计表》《标准成本汇总表》	——
	3.财务部门定期量化差异,各成本中心责任人分析偏差产生的原因和对策,采取纠正措施。	《实际成本系统》《标准成本系统》	督导	日常	成本差异账户	——
	4.会计期末成本差异处理。	《成本差异账户》	规划	日常	将成本差异按比例分配至已销产品成本和存货成本	

标准成本体系建立资源使用表

工作事项	物质资源							信息资源							能量资源						
	产品	基础设施	生产设备	资金条件	技术基础	生产资料	人力资本	场地	工作计划	业务流程	网络	客情关系	培训活动	内报内刊	会议	供应链	经营历史	知名度	美誉度	运营机制	组织结构	人际关系	政府关系	经营效率
成本管理																					(1)			(2)

标准成本体系建立资源使用操作说明书

（1）根据公司组织结构的特征，层层建立标准成本体系责任中心，落实各环节控制人的考核指标。

（2）从公司现有经营效率出发，积累每道工时用量、材料消耗、固定成本和变动成本数据，为标准成本体系的量值计算提供依据。

标准成本的制定是一项复杂的工作，是标准成本体系的龙头。

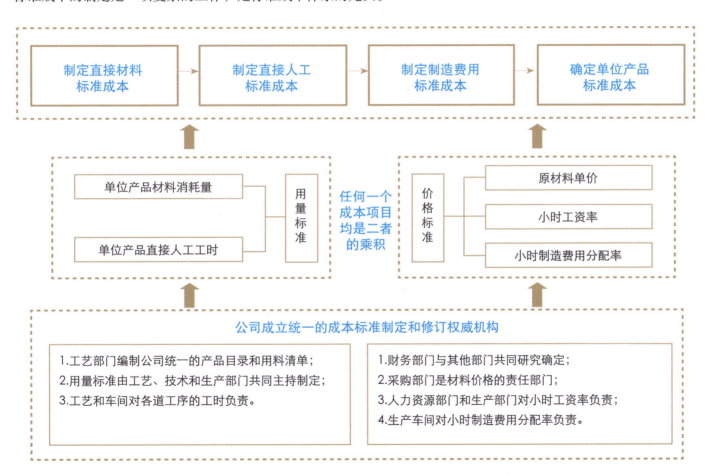

直接材料的标准成本是指现有技术条件下生产单位产品所需的材料数量，包括必不可少的损耗。

制定直接材料的标准成本

标准	材料甲	材料乙
价格标准： 　　发票单价 　　装卸检验费 　　每千克标准价格	1.00元 0.07元 1.07元	4.00元 0.28元 4.28元
价格标准： 　　图纸用量 　　允许损耗量 　　每单位标准用量	3.0千克 0.3千克 3.3千克	2.0千克 — 2.0千克
成本标准： 　　材料甲（3.3×1.07） 　　材料乙（2.0×4.28）	3.53元	8.56元
单位产品标准成本	12.09元	

注：示意表格不是A公司的数据，是模拟的数据。

制定直接人工的标准成本

单位产品的标准工时

·标准工时是指在现有生产技术条件下，生产单位产品所需要的时间，包括直接加工操作必不可少的时间，以及必要的间歇、停工和废品耗用时间；

·确定单位产品所需的直接生产工人工时，需要按产品的加工工序分别进行，然后加以汇总；

·标准工时应以作业研究和工时研究为基础，参考有关统计资料来确定。

直接人工的标准工资率

·如采用计件工资制，标准工资率是预定的每件产品支付的工资除以标准工时，或者是预定的小时工资；

·如采用月工资制，需要根据月工资总额和可用工时总量来计算标准工资率。

制定直接人工的标准成本

小时工资率	第一工序	第二工序
基本生产工人人数	20人	50人
每人每月工时（22天×8小时）	176小时	176小时
出勤率	98%	98%
每人平均可用工时	173小时	173小时
每月总工时	3460小时	8650小时
每月工资总额	20000元	52500元
每小时工资	5.78元	6.70元
单位产品工时：		
理想作业时间	1.5小时	0.8小时
调整设备时间	0.3小时	
工间休息	0.1小时	0.1小时
其他	0.1小时	0.1小时
单位产品工时合计	2小时	1小时
直接人工标准成本	11.56元	6.70元
合计	18.26元	

制定制造费用标准成本－变动制造费用标准成本

1.制造费用的标准成本是按部门分别编制，然后将同一产品涉及的各部门单位制造费用标准加以汇总，得出整个产品制造费用标准成本；

2.制造费用标准成本分为变动制造费用标准成本和固定制造费用成本；

3.变动制造费用的数量标准通常采用直接人工工时标准，价格标准是每一工时变动制造费用分配率。

$$变动制造费用标准分配率 = \frac{变动制造费用预算总数}{直接人工标准总工时}$$

$$变动制造费用标准成本 = 单位产品直接人工的标准工时 \times 每小时变动制造费用的标准分配率$$

制定制造费用标准成本－变动制造费用标准成本

单元：元

部　　门	第一车间	第二车间
变动制造费用预算：		
运输	800元	2100元
电力	400元	2400元
消耗材料	4000元	1800元
间接人工	2000元	3900元
燃料	400元	1400元
其他	200元	400元
合计	7800元	12000元
生产量标准（直接人工总工时）	6000小时	10000小时
变动制造费用标准分配率	1.30元/小时	1.20元/小时
单位产品直接人工工时标准	2小时	1小时
变动制造费用标准成本	2.60元	1.20元
单位产品变动制造费用标准成本	3.80元	

制定制造费用标准成本－固定制造费用标准成本

1.固定制造费用用量标准与变动制造费用用量标准一致，通常采用人工工时；

2.固定制造费用的价格标准是每小时的标准分配率；

3.二者相乘得出固定制造费用的标准成本，各车间汇总后，得出单位产品的固定制造费用标准成本。

$$固定制造费用标准分配率 = \frac{固定制造费用预算总数}{直接人工标准总工时}$$

$$固定制造费用标准成本 = 单位产品直接人工的标准工时 \times 每小时固定制造费用的标准分配率$$

制定制造费用标准成本－固定制造费用标准成本

单元：元

部　　门	第一车间	第二车间
固定制造费用预算： 　　折旧费 　　管理人员工资 　　间接人工 　　保险费 　　其他 　　合计	200元 700元 500元 300元 300元 2000元	2350元 1800元 1200元 400元 250元 6000元
生产量标准（直接人工总工时） 固定制造费用标准分配率 单位产品直接人工工时标准 固定制造费用标准成本	6000小时 0.33元/小时 2小时 0.66元	10000小时 0.60元/小时 1小时 0.60元
单位产品固定制造费用标准成本	1.26元	

汇总直接材料、直接人工和制造费用的标准成本，得出有关产品完成的标准成本。

某产品的单位产品标准成本卡

成本项目	用量标准	价格标准	标准成本
直接材料			
甲材料	3.3千克	1.07元/千克	3.53元
乙材料	2千克	4.28元/千克	8.56元
合计			12.09元
直接人工			
第一车间	2小时	5.78元	11.56元
第二车间	1小时	6.70元	6.70元
合计			18.26元
制造费用			
变动费用（第一车间）	2小时	1.30元	2.60元
变动费用（第二车间）	1小时	1.20元	1.20元
合计			3.80元
固定费用（第一车间）	2小时	0.33元	0.66元
固定费用（第二车间）	1小时	0.60元	0.60元
合计			1.26元
单位产品标准成本总计			

竞争定位设计操作详解

竞争定位设计操作说明书

项目	工作内容	工作依据	权责	时限	工作成果	呈送单位
创新能力	1.了解了客户的需求，然后结合对竞争对手可能提供的销售方案的分析，选择一个最有利于发挥我们优势的位置，以满足对客户价值的最大化。	竞争对手的销售方案分析	规划督导	日常	《竞争对手分析表》	——
	2.我们将从以下三个方面，对三个维度——客户购买价值因素、供应能力比较分析以及客户关系能力，进行分析，确立自己公司的竞争定位。	《客户购买价值因素分析》《供应能力分析》《客户关系能力分析》	督导决策	日常	《竞争定位三维图》	——
	3.确定价值命题。首先是确立总体的销售价值命题，然后是把价值命题具体化，最后是从与客户接触的不同层次上对价值命题进行沟通。	《竞争定位三维图》	决策	日常	《三层次价值命题模型》《营销活动规划方案》	——

竞争定位模式设计资源使用表

工作事项	物质资源							信息资源							能量资源					
	产品	基础设施	生产设备	资金条件	技术基础	生产资料	人力资本	场地	工作计划	业务流程	网络	客情关系	培训活动	内报内刊	会议	供应链	经营历史	知名度	美誉度	运营机制	组织结构	人际关系	政府关系	经营效率
竞争定位			(1)									(3)									(4)			(2)

竞争定位模式设计资源使用操作说明书

（1）合理运用生产设备，确保产量、质量、备货、交期和物流半径与对手保持相对的竞争优势。

（2）发挥经营效率的优势，突出供应部品在主机上出勤率、合理价格、质量可靠、合作稳定性和行业地位等竞争优势。

（3）加强客情关系维护，通过销售经理的影响力、组织内部协调能力、高层对项目重视程度、交易历史和口碑以及长期合作的潜力，增进客户对我们的依赖度。

（4）充分了解客户内部组织结构特征，在任何一个企业里，从总经理到副总经理，再到部门经理，直到一线员工，我们都必须建立相应的关系。好的关系就像一条拉链，有无数的环节，如果中间有一个环节出错的话，拉链将变成废品。

理解竞争定位

竞争定位是在我们了解客户的需求，然后结合对竞争对手可能提供的销售方案的分析，选择一个最有利于发挥我们优势的位置，以满足对客户价值的最大化。我们将从以下三个方面，对三个维度——客户购买价值因素、供应能力及客户关系能力——进行分析，确立自己公司的竞争定位。

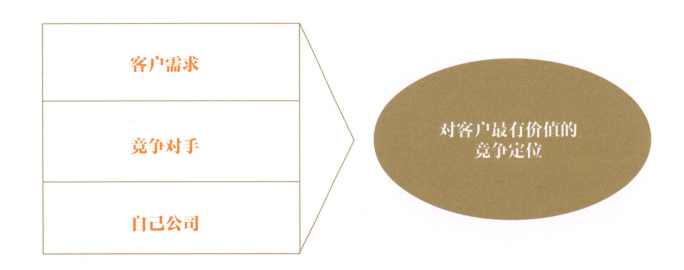

竞争定位的第一个维度：客户购买价值因素。

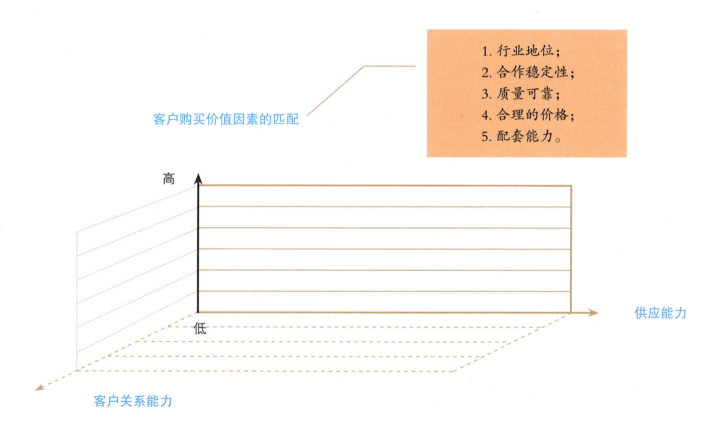

竞争定位的第二个维度：供应能力。

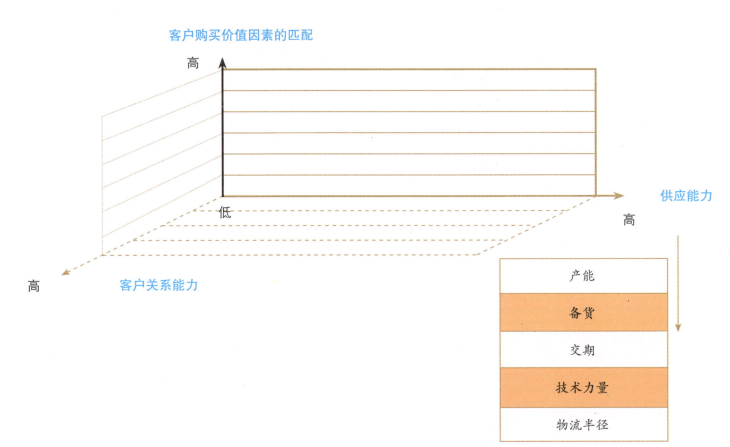

竞争定位的第三个维度：客户关系能力。

客户购买价值因素的匹配

高

低

供应能力

高

客户关系能力

高

1. 解决方案的实际能力；
2. 组织内部协调能力；
3. 自己公司高层对项目的重视程度；
4. 与客户历史交往和口碑；
5. 长期合作的潜力。

示例：客户关键购买价值因素分析

说明：在下表中用0~100的分值，来衡量各公司对客户关键购买价值因素的匹配度，并乘以最右一栏的权重系数，最后把每家公司的各项得分合计。

		自己公司	A公司	B公司	C公司	系数
关键购买因素	配套能力	90	80	60	50	5
	合理价格	80	75	60	80	4
	质量可靠	80	60	80	70	3
	合作稳定性	85	70	90	100	2
	行业地位	70	75	80	100	1
	分数合计	1250	1095	1040	1080	4465

总分数合计	28%	24.5%	23.2%	24.2%	

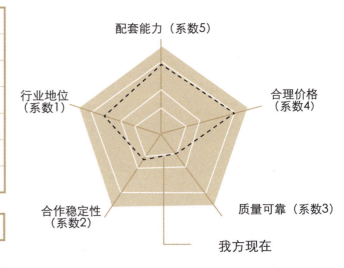

[客户关键购买价值因素分析图]

思考

"哪种购买因素强到什么程度？"

"未来将会把哪种客户购买价值因素加强到何种程度？"

供应能力比较分析

说明：在下表中用0～100分的分值，来衡量不同产品的供应能力，并乘以相应的权重系数，最后把各项得分合计。应当对自己公司和竞争对手分别进行填表分析，最后进行汇总比较。

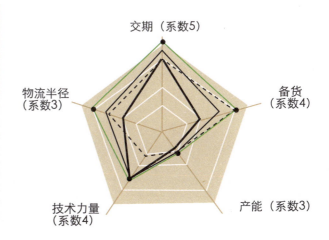

[供应能力比较分析图]

		交期	备货	产能	技术力量	物流半径	总分
供应能力分析	泵车液压油缸						
	前置式液压油缸						
	权重系数	5	4	3	4	3	

思考

"哪种供应能力强到什么程度？"

"未来竞争对手会把哪种供应竞争力加强到何种程度？"

客户关系能力比较分析

说明:在下表中用0~100的分值,来衡量各公司客户关系能力的软性指标,并乘以相应的权重系数,最后把每家公司的各项得分合计。

		销售经理的影响力	组织内部协调能力	高层对项目的重视程度	交易历史及口碑	长期合作潜力
客户关系能力	自己公司					
	A公司					
	B公司					
	C公司					
	D公司					
	权重系数	5	4	3	4	3

总分数合计					

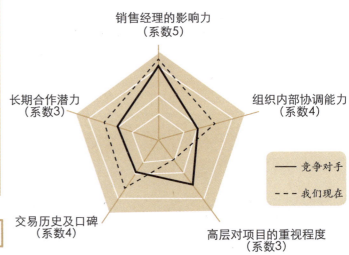

[客户关系能力比较分析图]

思考

"哪种客户关系能力强到什么程度?"

"未来将会把哪种客户关系能力加强到何种程度?"

竞争定位的确定

通过对"客户购买关键因素""供应能力"及"客户关系能力"比较分析之后,我们能够对自身的竞争定位有清晰的了解。这样,我们对于自身的优劣势将一目了然,从而对于确定自己的销售价值命题及可能采用的竞争战术做到了然于胸。

如下图所示,相对于竞争对手A而言,我方在客户购买关键因素的匹配、供应能力方面占有相对优势,而在客户关系能力方面居于相对劣势地位;而相对竞争对手B而言,我方在供应能力和客户关系能力方面居于相对优势地位,而在客户购买关键因素匹配方面则处于相对劣势。

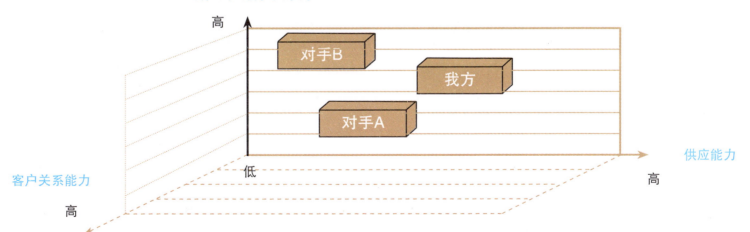

海沃某次面向欧曼公司竞争定位的选择

客户购买价值因素的匹配
- 行业地位
- 主机出勤率

面向欧曼公司的销售竞争定位

我方

高 / 低

供应能力
- 备货
- 物流半径

客户关系能力
- 良好的历史交往
- 公司高层的高度重视

海沃（HYVA）致力于物流自装卸系统和专用车上装等商用车零部件的研发、生产与销售，目标是成为全球最大的自卸车液压系统供应商，把奔驰（BENZ）、沃尔沃（VOLVO）、斯堪尼亚（SCANIA）、雷诺（RENAULT）、欧曼（MAN）等欧洲各大主机厂及自卸车厂家列为战略型合作厂家。

背景：欧曼公司特别强调供应方的备货能力，根据全年销售预测做出采购量的预测，在零部件采购方面相对保守，但要求外协供应商有高于采购1.2倍的库存。实际上欧曼公司把存货占用资金的负担和风险转嫁给了供应商。

竞争定位的描述：价值命题

■ 综上所述，经过三个维度的分析，我们开始确立了自己的竞争定位。

■ 然后，我们需要站在客户的角度上，把自己对某一个项目的竞争定位清晰地描述出来，也就是确立客户的价值命题。

■ 价值命题的建立可以分成三个步骤：首先是确立总体的销售价值命题，然后是把价值命题具体化，最后是从与客户接触的不同层次上对价值命题进行沟通。

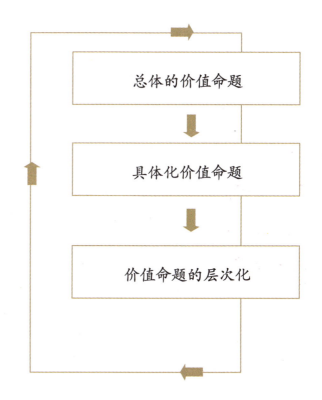

确立客户价值命题的第一步：总体的价值命题

以市场为导向——基于市场和整个行业的情况。

- 有意义的
- 激起客户兴趣
- 能帮助销售经理与客户建立起联系纽带
- 基于我们在_____方面的知识和经验，我们具备_____的能力，为（客户）____提高_____。
- 例1　海沃环保：基于我们在产品设计方面吸收欧洲同步技术方面的知识和经验，我们具备在满足现有垃圾运输压缩减重的同时，更突出了产品外观的鲜亮流畅、操作使用的人性化和智能化的能力，为贵公司提高核心竞争力。
- 例2　海沃液压攀升阀：基于我们在技术和工艺革新方面的知识和经验，我们具备在确保系统可长期安全、稳定地工作的同时，采用比例控制，使系统压力波动小，操纵平稳可靠，为海沃全套自卸车前顶液压攀升系统提高自卸车油缸及整套系统的使用寿命的能力，从而提高最终用户的投资回报率。

确立客户价值命题的第二步：具体化价值命题

以客户为中心——基于与客户的合作和客户的商业信息（SMART）。

- S：specific 具体的。比如说企业价值、投资回报率、市场份额等；
- M：measurable 可以度量的。比如说"提高多少"，"要多少成本"等；
- A：achievable 可以实现的；
- R：realistic 是现实的；
- T：time-based 必须是有时间限制的，比如说"什么时间完成"。

下面的案例是一个销售人员对客户价值命题进行具体化的参考模板：

"从去年12月开始，海沃对其推出的K系列油缸进行了内部系统结构优化，采用创新工艺结构与新型材料，通过集成化设计优化系统匹配，具有自重轻（与同类产品相比，自重减轻20%~40%）、举升力强（举升能力增强20%以上）、举升频次快、密封性能好、抗冲击力强、抗弯曲能力强、运行平稳等优势，并具备多重安全防护保障。目前海沃液压油缸产品在市场的占有率高达45%~46%。在黑龙江阿城，4000台自卸车更是100%、无一例外用的是海沃的产品。"

确立客户价值命题的第三步：价值命题的层次化

回顾前面提到的客户关系链条，优秀的一流销售经理能够保证自己的公司从高、中和基层三个层次上，运用最终确定的价值命题，与客户进行有效的沟通。

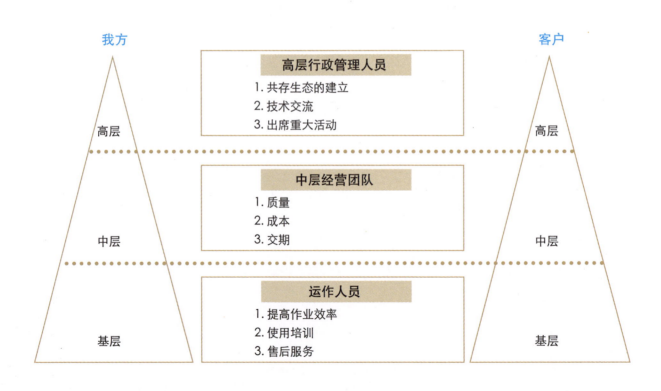

北奔威弛宽体矿用自卸车100台供应价值命题的层次化

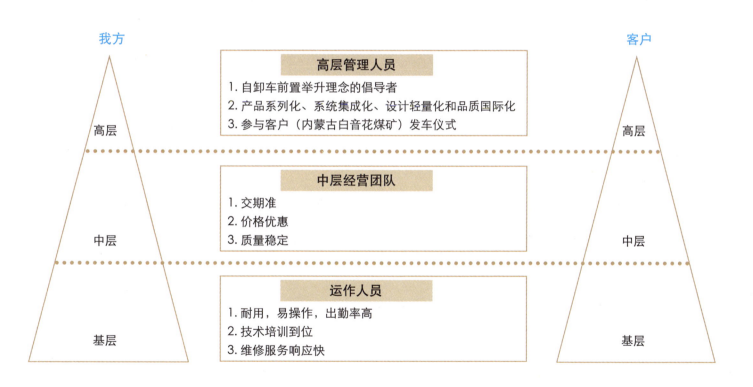

小结：确立竞争定位和制定客户价值命题

市场竞争中，随着三个维度相关指标的变化，竞争定位将呈动态变化特点，因此，我们将对价值命题进行相应的动态调整。

竞争定位的三个维度
- 客户关键购买价值因素的匹配
- 供应能力
- 客户关系能力

价值命题的三个步骤
- 总体的价值命题
- 具体化价值命题
- 价值命题的层次化

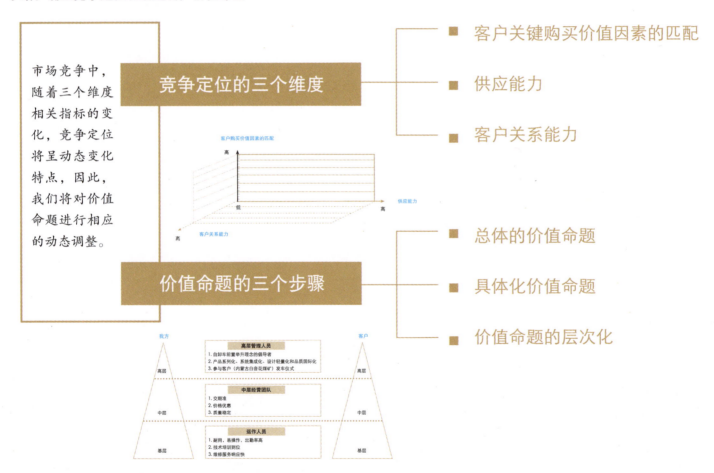

05

《"绩效100工程"技能转化手册》解析

"绩效100工程"技能点的构成

注解："绩效100工程"技能点的特点

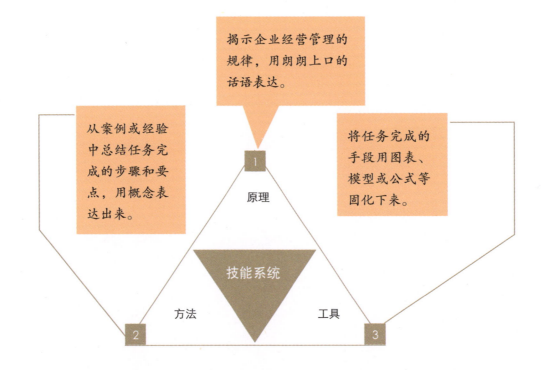

36个技能点一览表

高层行政管理人员	方法	高层行政管理人员
■ 共识法则	■ 目标值的5个来源	■ BSC平衡计分卡
■ 速度法则	■ 目标数据化4维法	■ 杜邦图
■ 任务法则	■ 量化考核12法	■ 岗位评估价值框架
■ 对等法则	■ 绩效面谈5步法	■ 5级权重表
■ 效应法则	■ 绩效辅导7步法	■ 绩效系数对照表
■ 量化法则	■ 滚动目标法	■ 驭"人"模型
■ 执行法则	■ 绩效回归制	■ 目标体系模型
■ 复制法则	■ 考核宽度5-7-9法	■ 绩效路径图
■ 变革法则	■ 短缺元素盘点法	■ 资源使用表
■ 简单法则	■ 工作任务大扫除	■ 行动策略操作单
■ 差错法则	■ 问题突破502法	■ STAR情景案例单
■ 马太效应	■ 年度计划4步法	■ 操作说明书

"原理"类技能点解析

技能点1：共识法则

它是什么？	
企业所有的事情都是一件事，那就是达成经营目标。	
怎么用？	**如何测评使用效果？**
1. 用来统一全体员工对公司经营目标体系的认识，增强达成目标的信心。 2. 增进工作认同感，领悟岗位使命。 3. 制作标语，融入企业理念识别系统中。	1. 每个员工能讲清楚自己的工作对应公司哪些经营指标。 2. 在员工激励会议、经营目标分解等工作场合被高频率使用。

技能点2：速度法则

它是什么？

决定企业成长速度的动力来源是对手和员工。

怎么用？	如何测评使用效果？
一般来说，员工总以为企业发展的速度是领导层提出的要求。因此，许多员工认为公司提出的目标是天文数字，难以达成。用"速度法则"教育员工很有现实意义。 当企业发展速度低于员工期望值时，优秀的员工留不住；相反，当员工成长速度低于企业期望值时，落后的员工将被淘汰。 市场份额的争夺是残酷无情的，竞争的本质是以对手的行动调整我方的计划。	1.每个员工能认同公司战略目标中对于企业加速度增长的真正意义。 2.70%的员工在3年中工资收入至少翻番。 3.50%的员工在3年之内晋升到更高一个级别。

技能点3：任务法则

它是什么？	
不是方法决定目标，而是目标决定方法。	
怎么用？	**如何测评使用效果？**
1.有些员工习惯用过去做事情的方法推测今天的目标是否合理。这时，要用"任务法则"告诉他，新的目标要用新的方法来完成。 2.只要目标正式确定下来，"任务法则"告诉人们，不接受完不成。不是目标不能达成，而是方法没有找到。	超过90%的员工为目标寻找完成任务的策略，而不是找客观理由。

技能点4：对等法则

它是什么？	
上司扫除下属执行的障碍，下属完成上司交代的任务。	
怎么用？	**如何测评使用效果？**
当下属认为客观上存在着任务完不成的前提时，领导者可以让下属盘点完不成的理由，并将这些理由按照双方的职责和权限一分为二。领导者用"对等法则"把自己的责任落实为行动计划，执行者就没有理由完不成任务了。	100%的领导者，每个阶段的工作计划，都应该是下属所期望的为其扫除工作障碍的事项。可以用问卷调查的方式对下属进行调查，确认领导者的工作是否是他们期待解决的事情，80%的工作是部属所期望的，则"对等法则"就充分体现出来了。

技能点5：效应法则

它是什么？	
企业考核什么就会收获什么；用什么方式考核，员工就用什么样的方式加以重视。	
怎么用？	**如何测评使用效果？**
KPI绩效指标库是在企业建立经营目标体系的前提下，全面反映关键绩效指标的呈现方式。不同阶段，企业也许存在经营管理诸多问题，可以把这些相关指标提出来考核，以引起员工的重视。	连续3个月对阶段性绩效指标进行考核评估。若80%的考核指标取得长足的进步，绩效考核的"效应法则"就充分体现出来了。

技能点6：量化法则

它是什么?	
凡是能够量化的，都是可以改进的；凡是没有量化的，那就无法管理到位。	
怎么用?	**如何测评使用效果?**
当管理中的问题得不到有效解决时，我们可以从定义"结果"出发，检讨它是否描述得不够具体。从数量、成本、质量和效率方面量化，是管理到位的根本保证。	100%的工作任务都可以量化。

技能点7：执行法则

它是什么？	
不是修改目标，而是调整计划。	
怎么用？	**如何测评使用效果？**
目标是长期性的，计划是阶段性的。当有人试图以目标太大完不成为由修改目标的时候，首先要贯彻的是"执行法则"。	组织成员中95%以上自始至终对目标满怀信心！

技能点8：复制法则

它是什么？	
写得清楚、说得明白、做出经验、教会别人。	
怎么用？	**如何测评使用效果？**
企业竞争的本质不仅限于人与人之间的竞争，还存在知识体系的竞争。应该要求企业每个岗位的担当者"做你所写，写你所做"。	如果一位上司不在现场，下属按照他写的也能做到有价值的"结果"，则"复制法则"显示了威力。他不止是在做事，还是在生产"人"。

技能点9：变革法则

它是什么？	
人们不反对变革，但害怕变革会侵犯自己既得的利益。	
怎么用？	**如何测评使用效果？**
在推行新制度和新机制的时候，"变革法则"要求我们分析此项变革会波及哪些人的利益，应该事先处理这些人的"心情"，再处理事情。这样，变革的阻力才能够化大为小，化小为了。	有人做出了自我利益牺牲，保全了团队的长期利益，就证明"变革法则"有效果了！

技能点10：简单法则

它是什么？	
管理追求简单，但复杂是简单的前提，简单是复杂的结果。简单≠简化。	
怎么用？	**如何测评使用效果？**
在管理中，系统未建设好之前，工作流、信息流都是片段式的。如果你在组织内实施系统改造时，要用"简单法则"消除人们的恐惧心理。可以用手表做一个例子演示给大家看。手表的表面只是简单的时针、分针和秒针就能准确报告时间，但手表的"芯"却装着一个复杂的系统。正是由成百上千个螺丝、发条等零部件，才能支撑起这个系统。	组织内有80%以上的人会为系统"额外"地做深入的工作，则"简单法则"被认同了。

技能点11：差错法则

它是什么？	
细节决定差错，系统保障不败！	
怎么用？	**如何测评使用效果？**
细节没有做好，不见得会导致失败，但会使差错率过高，产生不必要的失败成本。 加强过程抽查能及时预防差错率，因此针对检查环节、检查人和奖惩机制的建立，要能够自成系统。这才是保障不败的根本举措！	通过差错率的统计，贯彻实施"差错法则"检查系统后，差错率以递减方式下降，无限接近零缺陷。

技能点12：马太效应

它是什么？	
凡是贡献大的，给他更多；凡是没有贡献的，连他本来应该获得的机会都要夺回来。	
怎么用？	**如何测评使用效果？**
1.将绩效考核结果链接到绩效工资上。 2.职务晋升和非物质激励也要倾斜于做出重大贡献者。	利用"马太效应"原理制定出不同的考核分值，对应相应的奖励系数，90%以上员工都拥护该项机制，则证明"马太效应"落了地。

"方法"类技能点解析

技能点13：目标值的5个来源

它是什么？	
从5个方面确定公司经营目标体系中各项指标的目标值（见图5-1）。	
怎么用？	**如何测评使用效果？**
公司经营班子和绩效小组在建立KPI指标库时按照（见图5-2）的方式逐一用共同的方法论讨论出目标值。	100%目标值的确认都是用"目标值的5个来源"完成的。

图5-1 目标值的5个来源模型

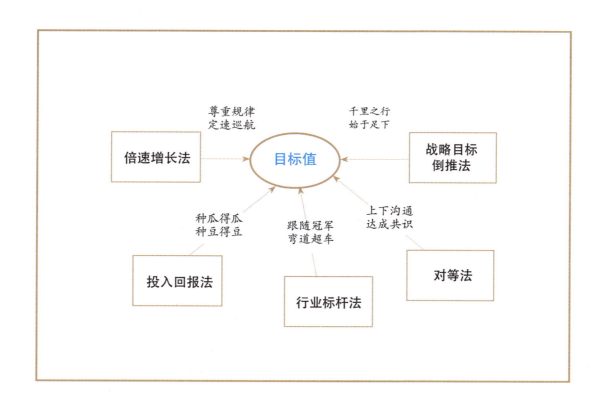

图5-2 绩效指标与目标值设定依据对照模型

	指标	目标值	选择目标值设定方法 （每个指标只选一种设定依据）				
			3倍速法	战略目标倒推法	投入回报法	行业标杆法	对等法
1							
2							
...							

技能点14：目标值数据化4维法

它是什么？	
从数量、频次、时间节点和占比四个维度可以表述任何目标值。	
怎么用？	**如何测评使用效果？**
1.周计划中目标值表述。 2.日结果中的完成值表述。	不存在不可量化的指标。

技能点15：量化考核12法

它是什么？	
直接可以用公式计算以及定性转化成的量化方法共12种（见图5-3）。	
怎么用？	**如何测评使用效果？**
1.KPI绩效指标库中，每个指标的考核方法都可以从"量化考核12法"中确定最合适的一种。 2.绩效专员在绩效考核操作中用12种方法计算得分。	每一指标完成情况用"量化考核12法"，计算的结果不能因不同人操作而得出不同结果，换一种说法，就是用考核结果的刚性来判断"量化考核12法"的有效性。

图5-3　量化考核12法一览

达标率量化	分段赋值量化	余额控制量化
进度量化	概率量化	关键行为量化
强制百分比量化	过程行为统计量化	两两配对法量化
顺向标准差量化	反向标准差量化	倒扣分法量化

技能点16：绩效面谈5步法

它是什么？	
上司与下属在绩效面谈时遵循的顺序和要点（见图5-4）。	
怎么用？	**如何测评使用效果？**
按图5-5操作说明执行。	部属绩效考核申诉率下降为零。

图5-4 绩效面谈5步法模型

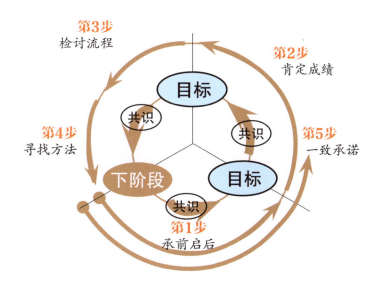

图5-5 绩效面谈5步法操作说明

1 承前启后	将上月考核结果与下月计划下达在面谈中同时实施；掌握事实，获得权威部门数据。
2 肯定成绩	先肯定绩效考核达成的项目，请对方谈心得体会；用STAR表记录他在分享中的情境案例。
3 检讨流程	检查流程而不是盘点当事人的态度与能力；问到你想要的答案，而不是直接给答案。
4 寻找方法	针对下一阶段的计划，结合上一阶段未达成的目标，寻找新的方法。
5 一致承诺	树立信心，承诺给予下属有效的支持；用对等法则建立完成滚动目标计划的心理契约。

技能点17：绩效辅导7步法

它是什么？	
上司为下属着手绩效辅导、提出新的解决方案时遵循的顺序和要点（见图6）。	
怎么用？	**如何测评使用效果？**
按图5-7执行。	90%以上管理者在3个月内要使用7次以上绩效辅导7步法，形成下属可以接受并执行的有效方案。

图5-6　绩效辅导7步法

定义新结果：明年春季产品订货会样衣设计任务315件，确保在80天内按质按量完成。争夺新一轮"样衣设计战役"的新胜利。

行动计划			潜在问题/机会	可能原因	预防性措施	利用性行动	预警机制
步骤	时间	职责					
1. 人员分工 2. 劳动技能 3. 面料工艺 4. 流行资讯	9月16日 长期 每周一次 10月1日前	HR 设计总监 跨部门 行政部	问题： 1. 有些设计师完成得好，但相当部分设计师不能按照时间节点完成。 2. 有些人对新引进的设计软件操作还不熟悉。 3. 设计师要的面料采购方面不能完全供应，打版师不能完全领会到设计师的创意。 4. 缺乏设计创意。 机会：设计部门的管理流程和能力提升有很大提升空间。	1. 派活不均，奖罚不明。 2. 工具使用办公环境。 3. 面料使用更改频繁，工艺环节繁琐复杂。 4. 采风活动不够，卫星通讯落后。	1. 外联设计师协会，建立兼职设计师俱乐部。 2. 使用熟悉软件，暂时对使用新软件不作统一要求。 3. 每周设计风格诠释例会，让面料采购员了解设计师用途。 4. 轮流委派设计师奔赴时尚之都充当买手。	1. 设计师分级管理，能者任重。 2. 直接跟有经验的打版师沟通纸样。 3. 通知更多潜在面辅料供应商与设计师召开流行趋势发布会。 4. 安装卫星锅接收巴黎时装周现场秀活动信号。	跟2家专业设计所接触，洽谈委托设计业务，结算方式为按照我方验收合格作品计算佣金。如果未选中，则按照每件作品样衣成本的3倍付费

注：示例为某企业设计总监的绩效辅导方案——如何打赢来年"春季产品订货会样衣设计"战役。

图5-7 绩效辅导7步法操作说明

1. 目标计划 —— 再次定义新绩效行动的目标；
2. 行动计划 —— 围绕目标展开行动，落实实施时间和分工；
3. 行动步骤 —— 在计划中抓住关键举措；
4. 问题机会 —— 同时判断问题的严重性和机会影响度；
5. 可能原因 —— 分析带来问题和机会的原因；
6. 预防促进 —— 降低问题发生概率，减少问题影响程度；
7. 应急利用 —— 提高应急性措施利用机会，提高可用性资源使用频率。

技能点18：滚动目标法

它是什么？	
当本阶段未完成目标时，应将亏欠的目标额（A）追加到下一阶段，若下阶段本身目标额为B，则下阶段考核的目标值为A+B，如此类推，不断滚动。	
怎么用？	**如何测评使用效果？**
1.如果亏欠的目标不列入下阶段新目标值，则全年的目标完成可能性会降低。滚动目标法应配合"技能19 绩效回归制"进行。 2.将"滚动目标法"的操作条例纳入《绩效管理操作手册》。	100%考核对象接受这种考核制度，则证明"滚动目标法"有效。

技能点19：绩效回归制

它是什么？

实施滚动目标计划时，若累计的目标总任务完成时，前面目标未完成时由于绩效考核制度的刚性而造成当事人绩效奖金被扣的，应给予补发。

怎么用？	如何测评使用效果？
1."绩效回归制"应配合"滚动目标法"进行。 2.将"绩效回归制"与"滚动目标法"的操作条例一并纳入《绩效管理操作手册》。	100%考核对象接受这种考核制度，则证明"绩效回归制"有效。

技能点20：考核宽度5-7-9法

它是什么？	
对于企业"高中基层"考核指标个数最佳宽度的建议（见图5-8）。	
怎么用？	**如何测评使用效果？**
1.KPI绩效指标库中有N个目标，根据岗位使命的不同，考核指标的规模也应该不同。月度绩效考核指标中最适合的考核宽度是：高层5个、中层7个、基层9个。 2."考核宽度5-7-9法"只是参考，不能作为定论。	盘点不同职级考核表中的指标数目，看看是不是符合这种安排。 根据阶段性任务的具体情况，指标可以更换。若考核与被考核方达成一致，从另一个方面也可以证明"考核宽度5-7-9法"是有效的。

图5-8　考核宽度5-7-9法

| 月度考核指标数 | **5**
高层 | **7**
中层 | **9**
基层 |

| 使　命 | 高层做"明天"的事 | 中层做"今天"的事 | 基层做"昨天"的事 |

技能点21：短缺元素盘点法

它是什么？

若执行者的知识和技能不足以影响绩效，那就应该从素质方面诊断每个人的绩效短板。

怎么用？	如何测评使用效果？
自然界中有这种现象：原始森林中有参天的大树，也有矮小的藤蔓，它们的外在环境如阳光、空气和土壤养分都一样，为什么长得不一样高呢？植物学家发现藤蔓和大树拥有相同的元素，却因仅仅缺少一种元素而长不高。若同样一项绩效指标完成状况持续不理想，就需要分析执行者身上素质的缺失。	使用"短缺元素盘点法"的效果直接体现在人员异动上，把存在短缺元素的人调到其他岗位上。

技能点22：工作任务大扫除

它是什么？	
用余额控制量化公式来考核未完成的工作，敦促执行者画句号的行动。	
怎么用？	**如何测评使用效果？**
1.总经理每半年一次盘点全公司各部门未完成事项，委派一名总督导跟进。 2.让总督导制订工作计划，用余额控制量化公式（见图5-9）考核执行力。	工作任务清零，就证明"工作任务大扫除法"有效。

图5-9　总督导的执行力专项考核计算公式

$$执行力 = \left(1 - \frac{实际余额 - 目标余额}{目标余额}\right) \times 100\%$$

技能点23：问题突破502法

它是什么？	
从小时候"剪刀—石头—布"的游戏中领悟出的一种问题突破法（见图5-10）。	
怎么用？	**如何测评使用效果？**
按照图5-11的步骤进行操作。	3个月内用"问题突破502法"解决管理中7个问题者，方能认定掌握了方法。

图5-10 502模型

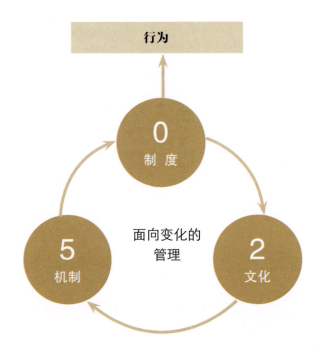

图5-11　502操作步骤

1	制度是针对人的行为规范而设定的。
2	制度是刚性的，我们把它比作"石头"（0）。
3	当员工不遵守制度时，可能缺乏机制（5）。
4	机制让人"追求快乐，逃离痛苦"。
5	当机制失去效应的时候，只有启动文化（2）来修正人的行为。
6	文化是主流员工对做人态度和做事标准的一致认同。
7	新的制度是企业文化的一种升华。

技能点24：年度计划4步法

它是什么？	
制订年度计划的有效操作步骤（见图5-12）。	
怎么用？	**如何测评使用效果？**
按照图5-13至图5-16的模式操作。	形成《年度经营目标体系》《KPI关键绩效指标库》，足以证明"年度计划4步法"落地。

图5-12　制订年度计划的步骤

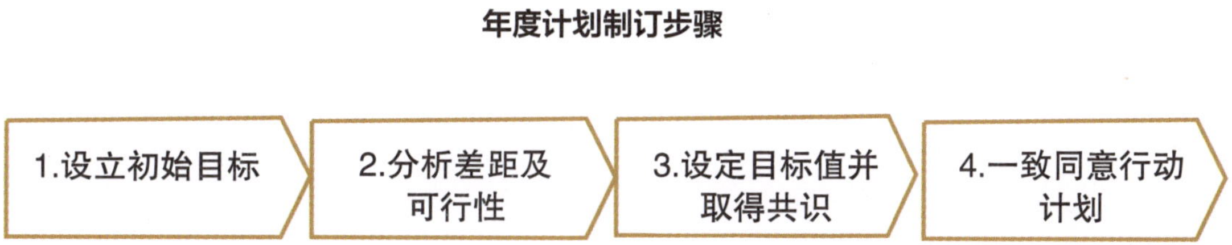

年度计划制订步骤

1. 设立初始目标 → 2. 分析差距及可行性 → 3. 设定目标值并取得共识 → 4. 一致同意行动计划

图5-13 设定初始目标

总经理向各中心和职能部门负责人传达展望目标，并细分到他们头上。

图5-14　分析差距及可行性

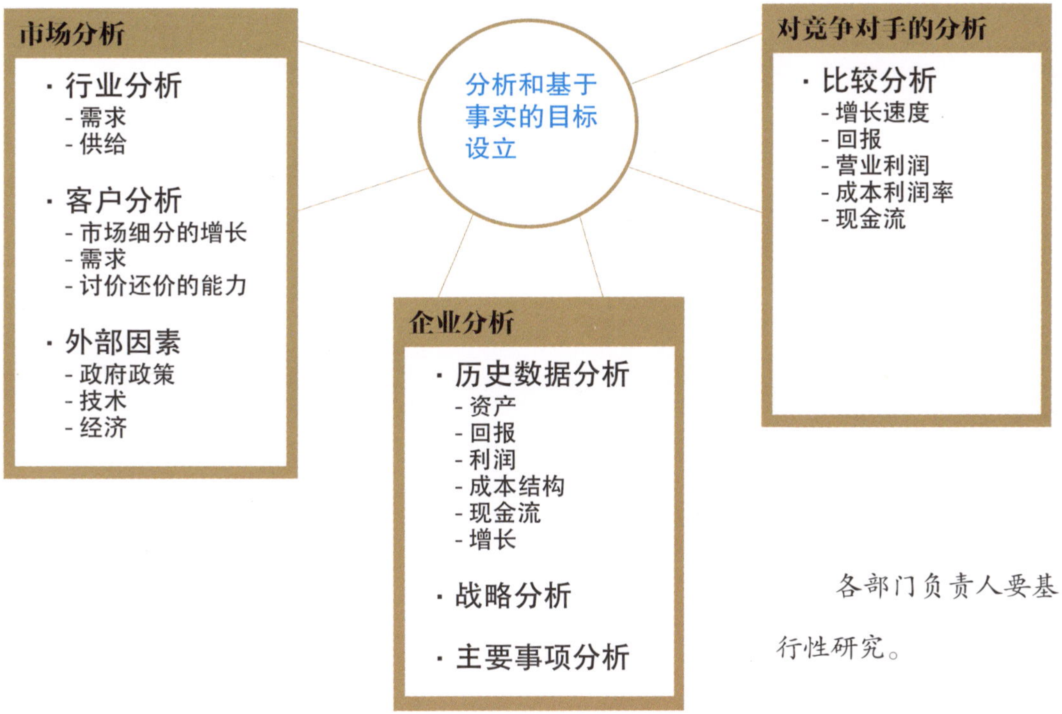

市场分析
- 行业分析
  - 需求
  - 供给
- 客户分析
  - 市场细分的增长
  - 需求
  - 讨价还价的能力
- 外部因素
  - 政府政策
  - 技术
  - 经济

分析和基于事实的目标设立

对竞争对手的分析
- 比较分析
  - 增长速度
  - 回报
  - 营业利润
  - 成本利润率
  - 现金流

企业分析
- 历史数据分析
  - 资产
  - 回报
  - 利润
  - 成本结构
  - 现金流
  - 增长
- 战略分析
- 主要事项分析

各部门负责人要基于综合分析进行可行性研究。

图5-15 设定目标值并取得共识

图5-16 一致同意的行动计划

"工具"类技能点解析

技能点25：BSC平衡计分卡

它是什么？	
1990年，由美国哈佛大学卡普兰教授提出BSC（The Balanced Score Card）。	
怎么用？	**如何测评使用效果？**
传统的绩效量度聚焦在外部的财务数据上，容易使企业的发展出现失衡。 平衡计分卡是一种将传统的财务指标分析与非财务指标相结合来评价组织绩效的方法，它可以提供给管理者更广泛、丰富的管理及决策信息。	从BSC四个维度逐层建立企业经营目标体系，并衍生关键绩效指标体系。

图5-17　平衡计分卡模型

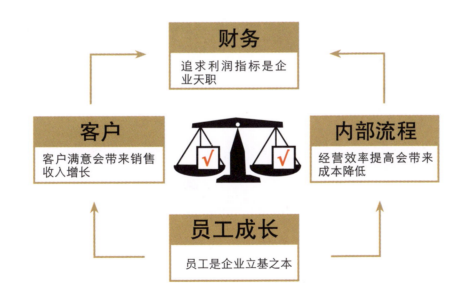

技能点26：杜邦图

它是什么？
杜邦分析方法是利用各主要财务比率指标间的联系，对企业财务状况及经营成果进行综合、系统分析评价的方法。这种方法由美国杜邦公司创立并最先采用而得名（见图5-18）。

怎么用？	如何测评使用效果？
1.通过杜邦图左边的结构，分析赢利能力和资产管理效率。 2.通过杜邦图右边的结构，分析公司投资和融资能力。	用杜邦图建立公司级的经营指标体系。

图5-18 杜邦图

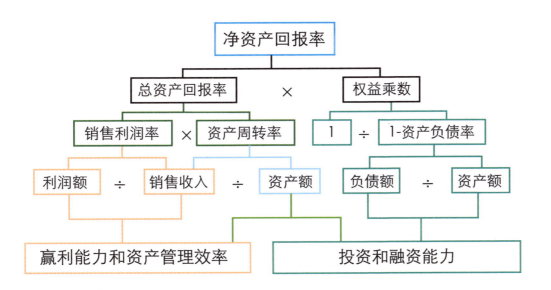

技能点27：岗位价值评估框架

它是什么？	
从7个角度共16个维度评估每个岗位价值，作为职务职级体系和薪酬政策的依据。	
怎么用？	**如何测评使用效果？**
1.组织岗位评价小组用《JES全球岗位价值评估系统》对各岗位进行要素计点法评估。 2.根据评估结果划分职务等级，确定薪酬体系。	打破人为的工资机制，建立合理完整的薪酬体系。

图5-19 岗位价值评估框架

因素		价值点	权重
职责大小	1. 对企业的影响	企业规模	38%
		影响力	
	2. 管理	下级人数	8%
		下级种类	
职责范围	3. 职责范围	工作独立性	16%
		工作多样性	
		业务知识	
	4. 沟通	频率	10%
		能力	
		内外部	
工作复杂性	5. 任职资格	教育背景	8%
		工作经验	
	6. 问题解决	创造力	16%
		问题难度	
	7. 环境条件	风险	4%
		环境	
合　计			100%

技能点28：5级权重表

它是什么？	
权重即是在百分制考核中每个项目指标所占的比重。权重的界定关系到KPI指标的战略地位，并且影响考核结果，因此不能随意确定。按照图5-20中的各级权重定义可以清晰界定绩效指标权重分数。	
怎么用？	**如何测评使用效果？**
1.按权重分级表确定KPI指标库中权重的级别指标。 2.用等比数列转换成百分制考核中的权重分数。	KPI绩效指标库中，所有权重的分值统一按照《5级权重表》来确定。

图5-20　5级权重表

月度	分值	定义描述
5级	25分	直接影响公司利润的绩效行为，能用量化公式直接计算出来的KPI。如销售收入或者成本降低等。
4级	20分	直接影响公司资产使用效率的绩效行为，能用量化公式直接计算出来的KPI。如固定资产周转、存货周转和应收账款周期等。
3级	15分	流程性的考核项目，往往是在一连串的绩效行为中的一环节。如采购一次性合格率等。
2级	10分	充分反映岗位职能的绩效行为。如财务经理"财务分析报告提交的及时性"、人力资源经理"人才招聘到位率"等。
1级	5分	定性的考核项目，通过转化量化才能计算得分。如部门协作精神等。

技能点29：绩效系数对照表

它是什么？	
考核分数不同，绩效奖金发放比例也不同（见图5-21）。	
怎么用？	**如何测评使用效果？**
1.按照高中基层确定发放基准分值的对应分数。 2.计算每一分值对应的系数。	KPI绩效指标库中，所有权重的分值统一按照《5级权重表》来确定。

图5-21 绩效系数对照表

职级	月度考核分数	按国家最低工资标准	D级－不合格									
		59及以下	60	61	62	63	64	65	66	67	68	69
高层	月度（年度）绩效工资系数											0.00
中层		0.00	0.30	0.41	0.42	0.43	0.44	0.45	0.46	0.47	0.48	0.49
基层		0.00	0.40	0.42	0.44	0.46	0.48	0.50	0.52	0.54	0.56	0.58

C级－需改进（未能达标）														
70	71	72	73	74	75	76	77	78	79	80	81	82	83	84
0.30	0.32	0.34	0.36	0.38	0.40	0.42	0.44	0.46	0.48	0.50	0.53	0.57	0.60	0.63
0.50	0.51	0.52	0.53	0.54	0.55	0.56	0.57	0.58	0.59	0.60	0.64	0.68	0.72	0.76
0.60	0.64	0.68	0.72	0.76	0.8	0.82	0.84	0.86	0.88	0.90	0.92	0.94	0.96	0.98

B级－一般（达标）					A级－良好					S级－优秀（远超标准）				
85	86	87	88	89	90	91	92	93	94	95	96	97	98	99	100
0.67	0.70	0.73	0.77	0.80	0.83	0.87	0.90	0.93	0.97	1.00	1.04	1.08	1.12	1.16	1.20
0.80	0.84	0.88	0.92	0.96	1.00	1.03	1.06	1.09	1.12	1.15	1.18	1.21	1.24	1.27	1.30
1.00	1.04	1.08	1.12	1.16	1.20	1.23	1.26	1.29	1.32	1.35	1.38	1.41	1.44	1.47	1.50

技能点30:"驭人"模型

它是什么?	
破解"找不到、留不住、用不起"的理论模型(见图5-22)。	
怎么用?	**如何测评使用效果?**
分析"找不到、留不住、用不起"的症结所在,针对每一问题提出解决方案。	"绩效100工程"整体解决方案实施效果能反映企业家对"驭人"模型中各要素的把握水平。

图5-22 "驭人"模型

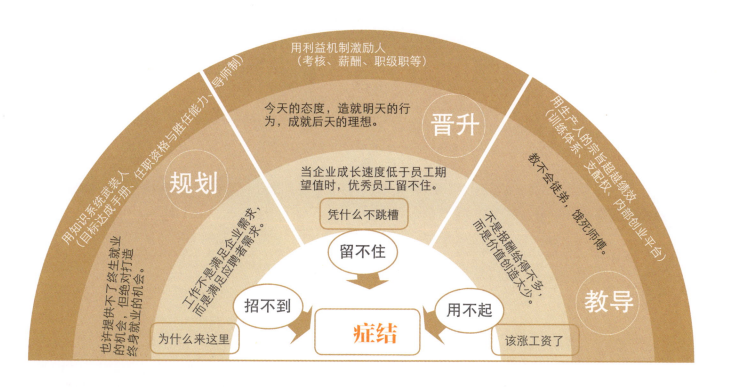

技能点31：目标体系模型

它是什么？	
在BSC平衡计分卡思想基础上，用结构化模型表述财务、客户、运营和学习成长方面立体逻辑关系（见图5-23）。	
怎么用？	**如何测评使用效果？**
它是经营目标体系搭建的沙盘，直观描述公司各种经营行为的递进关系和因果关系。	经营层高频率使用这一模型分析经营问题，分解战略目标。

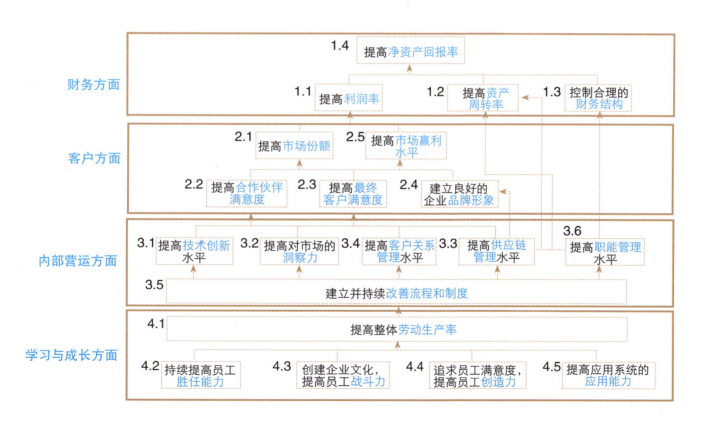

图5-23 经营目标体系模型

技能点32：绩效路径图

它是什么？	
与公司版的利润路径不同，个人版的利润路径从组织行为学出发描绘出协同能力、胜任能力和创新能力是如何影响运营效率和客户满意度的，进而找出公司财务成长的真正动因（见图5-24）。	
怎么用？	**如何测评使用效果？**
1.岗位绩效考核指标体系可以从"绩效路径图"上方开始，自上而下分解目标。 2.寻找达成目标的行动策略可以从"绩效路径图"的底部出发，分析完成任务的策略方法。	公司每个人都可以成功使用视觉化工具"绩效路径图"进行目标管理和行动管理。

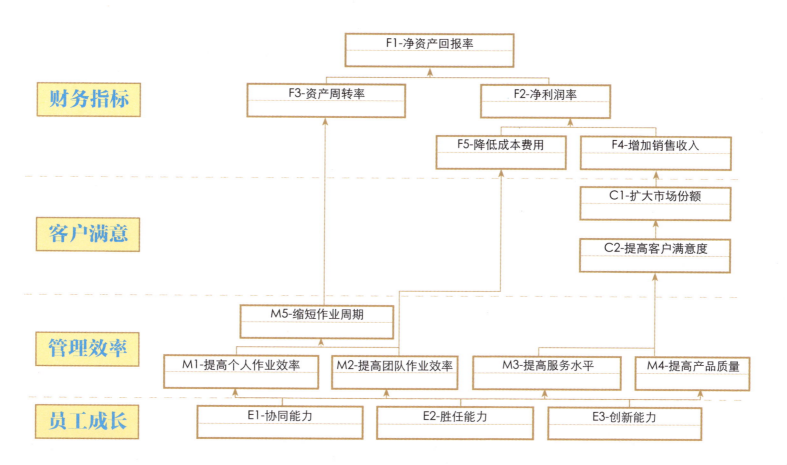

图5-24　绩效路径图

技能点33：资源使用表

它是什么？
企业有三大类24小类资源，资源是有限的，人们利用资源的能力是无限的。"资源使用表"能盘点每项工作任务所需各种资源，使用资源就是细化执行力（见图5-25）。

怎么用？	如何测评使用效果？
1.列举24种资源，每项工作尽可能用尽相应资源。 2.围绕资源使用写出工作的标准，任务执行起来效率会大大提高。	100%的岗位都可以用"资源使用表"描述工作指引。

图5-25　资源使用表

工作事项	物质资源							能量资源							信息资源						
	产品	基础设施	生产设备	资金条件	技术基础	生产资料	人力资本	场地	工作计划	业务流程	网络	客情关系	培训活动	内报内刊	会议	供应链	经营历史	知名度	美誉度	运营机制	组织结构	人际关系	政府关系	经营效率

技能点34：行动策略操作单

它是什么？	
每项行动都可以分解步骤，把每个步骤的关键环节交代清楚，执行起来路线就十分明确。原则、步骤和要点构建的模式可以成为行动管理最简洁的表达工具（图5-26）。	
怎么用？	**如何测评使用效果？**
1.把任务按照先后顺序分解成若干个"步骤"。 2.把每个步骤做对的关键之处，用"要点"提示出来。 3.提炼做这件事情的分寸就是"原则"了。	"行动策略操作单"可以表述任何行动管理。

图5-26　行动策略操作单

原则：	
步骤	要点

技能点35：STAR情景案例单

它是什么？	
把执行过程中的心得体会用结构化的方式（见图5-27）表述出来，积累未来教导下属的本钱。STAR情景案例单是公司积累实战案例最经济的渠道。	
怎么用？	**如何测评使用效果？**
1.把执行任务的时间地点人物这些情景（Situation）记录下来。 2.当时是怎样定义自己的任务（Task）？把它如实记录下来。 3.你采取了哪些有效的行动（Action）？ 4.结果（Result）怎样？	管理者每周可用"STAR情景案例单"记录自己的工作收获。一年至少要完成30篇独立作业。

图5-27　STAR情境案例单

个案主题：_____

（Situation）情境（当时状况描述）				
时间		地点		
人物				
场景				
（Task）任务：				
（Action）行动： 1. 2. 3. ……				
（Results）结果：				

STAR情境案例单

Star结构化情境案例运用：小强的"新客户开发四步法"

说明：某安全门销售公司区域经理王先生在与其下属——派驻经销商处的业务代表小强进行月度绩效面谈时发现，小强的"来自新客户销售收入达成率"达到了115%。于是王经理请小强详细分享新客户开发业务中的案例，王经理觉得小强新客户开发的心得体会非常生动，尤其是新客户开发的"开场白→探究商机→挖掘客户需求→提出销售建议"四步法很有新意，如果稍加整理，就可以作为培训新业务代表的培训案例了。于是，王经理就用"Star结构化情境案例表"记录了小强的分享内容。

Situation 背景

小强是公司派到天津市宝坻区新开口镇经销商陆老板处的业务代表。有一天，陆老板得知儿时的伙伴老张在县城新菜市场周围买了个带铺面的房子，一楼用来做生意，二三楼用来居住。于是，陆老板对小强说："小强，我打听到明天是开发商向老张交楼的日子，你过去看看吧。"这时候小强刚刚与师傅们为客户上门安装安全门回来，他应声答道："好来，明天一大早我就开车去！"

最近小强跑新楼盘的时候，发现许多业主选装了同行的产品，他心中暗想，要是再不主动出击，他所在公司的品牌在县城的市场占有率就打折扣了。

Task 任务

第二天，小强来到了县城新菜市场第二期工程所在地，打听到老张那套商品房的位置。他想，等老张夫妇出现的时候，他就过去打招呼。在等老张夫妇的空当，小强顺便在楼盘周围巡视了两圈。

Action 行动

一、开场白

小强："嗨，张哥，什么时候开张做生意啊？"

老张："还早着呢！装修得用上半年吧？"

小强："那你的门面用来做什么生意呀？"

老张："想办一个榨油的作坊，现榨现卖。"

小强："我发现二三楼挺宽敞的，尤其是二楼还有架空花园，挺适合居住的。装修好之后全家都搬过来住吧？"

老张："三楼给儿子结婚用，二楼我和老伴、女儿一起住。"

二、探究商机

小强："榨油设备得提前买吧？要不门面空几个月也是浪费呀，你说是不是？"

老张："是呀！我计划一楼营业的同时，二三楼搞装修，这样做生意、家里装修两不耽误。"

小强："人住在二三楼，这么贵的设备放在一楼，张哥有没有考虑安全呀？"

老张："是的呀，安全很重要！"

小强："对了，我发现二楼有一个门直通公共花园平台，那儿人来人往的。张哥，怎样既保证家里见客人方便，又防止闲人进入呢？"

老张："是的，我儿子最喜欢在那里开一个门，他说有一种楼外楼的感觉。你刚才的提醒太及时了，我确实要好好注意一下。"

三、挖掘客户需求

小强："昨天路过英伦小镇的时候，我听到一个业主和装修工在吵架，说是装好的五金卫浴被小偷撬门偷走了。结果双方为了责任归属争吵不休。其实这个事情双方都有责任，张哥，你说是吗？"

老张："那当然！就算门不严实，把活儿交给装修工了，他就要负起责任。不过，当初业主就应该选个好点的门，毕竟安全是第一位的呀！"

小强："我隔壁李大叔的儿子儿媳在深圳打工，他们寄钱回来让李大叔帮忙装修房子。但就前几天他儿子为这事情跟他大吵了一架，你猜为什么？"

老张："老子没为儿子把这件事情办好吧？"

小强："可不是，儿子嫌门小家子气，愣是拆了重买。李大叔骂他儿子败家，父子俩就为了这门闹得很不开心哪！"

四、提出销售建议

小强："张哥，我看这地段你这门面一定花了不少钱吧？"

老张："是的！"

小强："装修前就应该把一楼大门弄个严实点的，这样一楼的材料和榨油设备的安全就可以保证了，你说对吧？"

老张：嗯，是这样的！

小强："二楼大花园处装一个罗马柱门，既美观气派，又有安全保障。你既然买了这三层的复式楼，就得在装修布置上下功夫，尤其在门这方面要认真考虑。有一句话说得好：'有了安全的门，才有幸福的家。'你说这句话有没有道理？"

老张："对，有道理！"

小强："至于三楼软装和硬装风格要好好搭配，我建议由你儿子自己好好规划，做长辈的，你也会相信儿子有他的眼光，让他自己也独立一回，你也省省心，不也挺好的吗？"

老张："是的，由他自己做主！"

小强："你和陆老板从小一块儿长大，他是我们厂家在镇上的专卖服务商，如果你选门的话，把我们产品也作为一个参考，我这个建议你不会见外吧？"

老张："哪会呢？这生意给谁做也是做，何况是老陆啊！"

小强:"这事儿本来也不急,既然我今天碰上了,就让我给你当个参谋,你不会反对吧?"

老张:"当然不会!"

小强:"张哥,那我也不把你当外人了。我今天就量好尺寸,然后选好款式,等你决定后再下单给工厂定做,而且让陆老板给你一个友情价。至于催货、运输和安装,就包在我身上了。我知道你这阵子肯定很忙,选购和安装榨油设备也挺费周折的,那行我不懂,但装门这活儿我干了七八年了,交给我你不会不放心,是吧?"

老张:"是的,那我就拜托你啦!"

Result 结果

一周后,小强成功地与老张签订了1扇大门和11扇小门的订购合同,并且老张还将隔壁商铺的业主介绍给了小强。

技能点36：操作说明书

它是什么？	
用来展示执行者每个行动策略的实施细则（如图5-28），充分体现"写你应做、做你所写、记你所做"精神。	
怎么用？	**如何测评使用效果？**
1.详细描述每项达成目标行动策略的工作内容。 2.分析每项工作的工作依据和负责任的程度。 3.定义每件工作的成果，界定每件工作的回报关系或工作流向。	《操作说明书》能让从未做过的人也能开展工作。让新人对照说明也能做对，是测评使用效果的最好见证。

图5-28 战略规划操作说明书

项目	工作内容	工作依据	权责	时限	工作成果	
					工作成果	呈送单位
协同能力	1.组织年度战略规划研讨会，制定中长期战略规划，确定企业发展的愿景、目标和价值观，研拟产品战略、市场战略、人才战略、供应链战略、成本战略、质量战略等职能战略。	董事会决议 公司治理结构（公司章程） 战略规划流程	规划	年度	《公司中长期战略规划》手册 《赢利模式规划纲要》 《公司基本法》相关章节	董事会
	2.主持战略质询会，检讨战略执行中的得与失，提出调整方向和新的举措。	《公司中长期战略规划》手册 《赢利模式规划纲要》	拟定	半年	《战略调整方案》	董事会
	3.建立全面安全管理体系，确保企业的经营安全、可靠、稳定。	国家政策法规 《公司基本法》	拟定 督导 规划 决策	日常	《安全管理手册》	——